如果
故宫会说话

杨原 著

社会科学文献出版社
SOCIAL SCIENCES ACADEMIC PRESS (CHINA)

目次

疑案考征篇

后宫职场篇

生活逸事篇

建筑陈设篇

御花园中的暗战：一场争相输掉的选秀赛

选秀也分三六九等？

故宫博物院中轴线上最北端的御花园，虽然占地12000平方米，但对宫廷来说，实在算不上是个大的休憩场所，相较于我们今天的生活，有点类似小区里的绿地。不过，要谈到紫禁城里的清宫生活，御花园则有一项大家熟知的业务，就是皇家选秀。

清康熙以后，选秀制度渐渐完善，御花园则成为选看秀女最重要的场所，一方面是地理位置，御花园离秀女进宫的神武门、顺贞门最近，离皇上的居所也不远；另一方面是这里比较空旷，是宫内最大的院落，上千人的大活动也算安排得开。所以，虽说御花园并非选秀的固定场所，却是最常用的。

一说选秀女，很多人就会认为是皇帝给自己选妃，其实秀女们的区别还是挺多的，按最主要的划分来看，起码有两大类：一种是三年一届的选看八旗秀女，主要是为皇帝选后选妃；一种是一年一次的选看内府三旗包衣女子，为的是选宫女，也就是给宫里挑家庭服务员。不过总体说来，所有的秀女，都算是皇帝的女人，不论皇帝自己用不用，但起码支配权是他的。先说八旗秀女，

御花园内千秋亭

御花园千秋亭内藻井

这些女子除了被选为皇上的后妃之外，还有可能成为皇子皇孙们的福晋、侧福晋。比如乾隆的两位皇后——孝贤皇后和继后，就是雍正分别在雍正五年和雍正十一年选中而指婚给弘历的。再比如乾隆六十年的选秀，乾隆看中了秀女钮祜禄氏，便把她指婚给自己的孙子绵宁，也就是道光皇帝，钮祜禄氏就是后来那位被追封的孝穆皇后。当然，除了皇帝亲生的子孙们，宗室王公们的福晋、侧福晋都有可能来自选秀。也就是说，皇帝的媳妇、儿媳妇、侄媳妇、孙媳妇、侄孙媳妇，有可能来源于同一次选秀。

只要是旗人之女，理论上她们都是皇帝的女人。但随着八旗人口的不断繁衍，被皇帝宣告免选的范围越来越大。比如乾隆八年规定，京外八旗官员，文官的官位在同知以上，武将在游击以上，他们的女儿才有资格参选；再比如嘉庆十八年规定，八旗满洲、蒙古柏唐阿马甲以下人员的女儿可以免选。诸如此类，只要皇上没有放话说"我不要了"，旗人之女都是不可以自行嫁人的。

那么同理，服务于内廷的宫女在理论上一直是皇帝的女人。在很多宫女因故出宫的档案里，我们都会看到一句话，叫由其父母自行聘嫁，也就是说，宫女出了宫才有嫁给他人的资格。选看内务府三旗女子，虽说主要目的是家政服务，但宫女们也是重要的后妃储备力量，像雍正的母亲（康熙的德妃）、嘉庆的母亲（乾隆的令贵妃）都出身于宫女，而道光的母亲，也就是嘉庆的孝淑睿皇后，更是在宫女选秀的时候被乾隆看上，指婚给当时的十五阿哥，成为皇子福晋。所以说，选宫女虽不比选八旗秀女那么隆重，但也是每年清宫里一项紧要的任务。

皇帝与秀女，不同视角看选秀

很多清宫戏呈映过皇帝选秀的场景，这是很多女主角故事的开始。剧中为此还设计了很多剧情，其实有不少细节已经很贴近历史了，但有些情节则传达了一些错误的观念。既然说到影视剧，那么我们不妨也以分镜头的方式，从两种不同的角度来阐释一下选看秀女的过程。

皇帝视角

乾隆六十年二月初八，皇帝在乾清宫西暖阁用过早膳，召见了几位大臣商议国事。谈论已毕，辰正二刻（大约早上 8 点 30 分），乾隆坐着轿子从景和门来到御花园绛雪轩。户部和内务府的官员已经把这些秀女的名单安排好，并在前夜将她们领至神武门，现由总管太监杨进玉将她们带到乾隆面前选看。这一日要看的秀女来自正黄旗和镶白旗，加上几名超龄秀女，一共有 2013 人（或 2015 人），分为 340 排。乾隆一排排看过，其中正黄旗满洲苏昌阿佐领下侍郎栢林之女相貌不错，记名，过两天再看一次，其他女子"俱撂牌子"，她们可以回家由父母安排婚事了。这时，总管杨进玉上奏，说今天应到的女子中有 3 人病故，有 4 人请了病假，请病假的那四位，和珅与福康安都看过了，他们说"实系真病，生的亦不甚好"，乾隆传旨"亦撂牌子"，已初二刻（大约 9 点 30 分），乾隆坐着轿子由百子门回重华宫了。整个选秀过程约 1 个小时。其实咱们仔细想一想，这个工作量是非常大的，平均看一排秀女的时间也就是 10 秒钟。

之后的几天，过程大致如此。到二月十一这天，乾隆先看过今年应选的宫女，也就是内务府三旗女子，之后对前几天记名的秀女进行复选，并圈定 8 人，把她们分别指婚给贝勒绵懿、阿哥绵宁（道光皇帝）、宗室绵命、宗室永谟、宗室永嵸、宗室永度、宗室永普、宗室弘善。

秀女视角

乾隆六十年二月初七晚上，秀女们坐上家人早已准备好的骡

绛雪轩

子车，并在家人的陪护下来到紫禁城北门神武门。这里有户部和八旗的官员安排应选事务，并按早先拟好的排单顺序排列她们的轿车，集合完毕后，秀女们都坐在轿车内开始漫长的等待。大约在次日凌晨的两三点钟，神武门开放，秀女纷纷下车，鱼贯而入。户部的官员只能将她们护送进入神武门，神武门内的顺贞门是禁宫所在，外朝官员没有特旨不得进入，此时再由太监将秀女们引入顺贞门内的御花园。秀女跟家人在此就暂别了。深夜进宫，打小就没怎么出过家门，虽说周围全是人，可一个也不认识，而且来到的是一个不知道有什么举动就可能掉脑袋的地方，什么感觉？陌生、森严、一切未知。我是晚上进过故宫的，几乎可以说是伸手不见五指，即便周围都是熟人，也不愿随便走动。再者说，农历的二月初，正逢春寒料峭，凌晨两三点是最冷的时候，穿什么衣服都觉不出暖和。秀女们进宫，宫里会先赏一顿茶饭，据说有奶茶和粥一类的东西，也让她们不至于被冻得瑟瑟发抖，算是一种心理上的安慰，别吓着孩子。不过在道光以后，皇帝为了节俭，选秀之前赏早点的待遇便被撤销了。

赏茶饭之后的几个小时就是在院子里等待皇帝的到来。根据旗分和年龄，正黄旗与镶白旗的满洲、蒙古、汉军各一组，每一组再按十五岁、十六岁、十七岁划分为小组。自乾隆开始，以6人成一排居多，乾隆六十年《验看秀女排单》记载如下：

正黄旗满洲

十五岁秀女二百六名　三十五排　末二排俱四名

十六岁秀女一百九十一名　三十二排　末排五名

十七岁秀女一百五十八名　二十七排　末二排俱四名

正黄旗蒙古

十五岁秀女六十五名　十一排　末排五名

十六岁秀女六十二名　十一排　末二排俱四名

十七岁秀女六十九名　十二排　末二排五名一排四名一排

正黄旗汉军

十五岁秀女一百四十名　二十四排　末二排俱四名

十六岁秀女一百二十一名　二十排　末排七名

十七岁秀女一百二十一名　二十排　末排七名

满洲、蒙古、汉军逾岁秀女七名　一排

共秀女一千一百四十名　一百九十三排

镶白旗满洲

十五岁秀女二百二十五名　三十七排　末排七名 *

十六岁秀女一百四十一名　二十四排　末二排五名一排
四名一排

十七岁秀女九十名　十五排

镶白旗蒙古

十五岁秀女五十五名　九排　末排七名

十六岁秀女五十名　九排　末二排俱四名

十七岁秀女四十八名　八排

镶白旗汉军

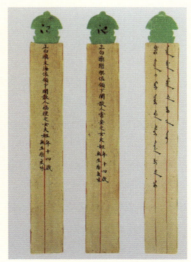

秀女记名牌（绿头牌）
（摘自中国第一历史档案馆编《清代文书档案图鉴》）

---

* 根据每排 6 人的规则，以及末排为 7 人，37 排的人数应为 223 人，此处为 225 人，疑似
档案记载有误。

十五岁秀女九十二名　十六排　末二排俱四名

十六岁秀女九十名　十五排

十七岁秀女七十八名　十三排

满洲、蒙古、汉军逾岁秀女六名　一排

辰时二刻，乾隆驾临，至绛雪轩升坐（座），总管太监杨进玉向乾隆递过排单以及为秀女们制作的绿头签，上面写有她们父亲的名字、职务和所归属的旗籍。秀女们在太监的引导下，一排一排走向乾隆，不需请安行礼，也不可以说话，驻足片刻，让乾隆看清楚即离开。被乾隆选中的女子留牌子（绿头签）记名，回家准备下一次复看，未被选中的女子撂牌子，就可以由家长为她们安排婚嫁了。

一场持续四年的漫长选择

选秀的过程大概就是这样了，但皇帝选秀时的主要参考是什么呢？看出身，还是看姿色？其实这事不能一概而论，这首先要看给谁选、为什么选。如果皇帝只是给自己选妃的话，那一定会偏向于外貌。嫔妃不是皇后，与皇家体面没有关系。上文提到过，很多皇帝的后妃是宫女出身，像康熙的良妃，康熙本人就曾说她是"辛者库贱妇"，但并没有妨碍他们在一起生儿育女，所以自娱自乐的事，与出身无关。如果真这么在乎妃嫔的家族出身，进宫以后，皇帝给她一个比较低的位分就行了。

如果皇帝是给皇子皇孙们选福晋，那秀女的出身则是一项重要的参考。王公阿哥们的正妻，自然要讲究门当户对，这关乎皇家的体面，所以颜值与家世都很重要。给皇子皇孙指婚的时候，如果不重颜值只重身份的话，那也就没有选秀的必要了，在适龄的世家子女中选个门第最高的就好。一排又一排的秀女走向皇帝的时候，皇帝大概也是先抬头看容貌，有心仪之人，才会低头看排单或绿头签上所写的秀女家世。当然，也不是没有例外，嘉庆皇帝的孝淑睿皇后，则是没有身份的极致了。再如光绪皇帝的孝定景皇后（后来的隆裕太后），算是有身份没颜值的极致，不过这源于慈禧太后的私心。但这些都不是常态，没有普遍性。

说到太后选秀，跟皇帝选秀就有很多区别了。上文示例的乾隆六十年选秀，我们可以看到皇帝从辰正二刻到巳初二刻，仅1个小时的时间，选看秀女 2000 多人，且 5 天之内就完成"初赛""复赛"，顺便把宫女也选了，可谓"干净利落脆"。但在晚清，两宫皇太后为同治皇帝选后选妃的时候，却显得"拖拖拉拉"。同治七年二月，是两位太后第一次选看秀女，共 108 名，由此拉开了太后选秀的大幕，一直到同治十一年方为结束。这四年里，有大量被记名、被复选的女子，有很多秀女就住在宫里，以便于两宫再选再看。根据同治九年的户部档案记载，当时留宫和曾经留宫的秀女一共 120 名，其中还有一名秀女因病故被除名了，活生生把人熬死了。甚至很多秀女已经被撂过牌子，两宫太后还会发一道懿旨，说你们家姑娘先别嫁人，我们姐儿俩商量了一下，让她们回来，我们再看一遍。按户部八月初三的档案记载，侯爵崇恩之女、福州将军文煜之女、原任员外郎锡璋之女，就又被安排到八月二十二日再次参加复选。

与乾隆选秀的状况相比，两宫太后可谓细水长流，单次选看的人数少了很多，选看次数却翻了几番，显得格外认真细致。尤其是同治七年八月十三日，还专门组织了一个"病残专场"，其中病愈秀女 147 名、残疾秀女 80 名，共 56 排。残疾女子本来是可以免于参选的，只要上报验明，就不用再麻烦这一趟，而同治朝选秀档案中，屡屡出现残疾女子，也可见两位太后对此次选秀的重视程度。

同治朝选秀显得如此烦琐，大致有两类原因。其一，细腻和耐心是女性特质。在生活中我们也经常遇到这样的场景，同样是买东西，女性会反复挑选，并且跟导购问一堆问题，仔细之极，但男性往往能迅速地结束购物过程。后来光绪选秀的时候，就慈禧太后一个评委，仍时常有裕长之女被记名 3 次、凤秀之女被记名 4 次，最终依旧被撂牌子的故事，足见选秀工作的细腻。更何况同治朝选秀是两位太后同时选，免不了还要互相商量、分析研讨，其过程也就必定复杂。

其二，权力上的角逐。同治的第一次选后选妃，两位太后是否在暗中较劲？这是很有可能的。慈禧太后向来以英明自居，凡事爱做主张，慈安太后虽说向来少问政事，但面临这种大事，也是希望有决断权的。早有笔记提到过，在选后最后的决断中，慈安太后与同治皇帝意许阿鲁特氏，慈禧太后中意于富察氏，两人便有意见分歧。皇帝大婚从同治九年一直推迟到同治十一年，在四年的选秀过程中，两位太后的较量自然也就难免了。选谁不选谁，干系太大，选秀工作越谨慎越细致，才越容易把自己的意见发挥到极致。你觉得好，我觉得就不好，但是我也不好直说，那咱们就再看一回，一回不行，就看两回，两回不行就三回。这种支持或者反对的意见才能不断地渗透给对方，反复选看的过程，其实就是在来回拉锯。

选出身还是选颜值，抑或是皇帝与太后选秀时的意见差异，都是选秀人在不同背景下的不同心态。作为参选者的秀女，她们的心态就更加复杂了。首先，很多人寄希望于飞上枝头变凤凰，不仅自己可能获享荣华富贵，而且不少后妃家族也可能由此走向辉煌之路，所以在选秀的时候，虽说不需行礼、不许说话，但一些秀女仍会费尽心机，以博得皇帝的眼球。从嘉庆到道光，两代帝王一直在规范秀女参选时的衣饰，要求着旗人发饰旗人衣装，不可缠足。这一方面是由于很多秀女以中原服饰为时尚，皇帝对这种汉风兴起、满洲风尚衰落的状况感到担心；另一方面，很多秀女为了在选秀时突出自己，便着力于自己的发型和衣服，即嘉庆在其上谕中所说的"竞尚奢华"，以求天子的青睐。《清稗类钞》中更出现过"步步生莲"的故事：乾隆某年选秀时，"有一女雕鞋底作莲花形，中实以粉，故使地上莲花随步而生"，致使"地上现粉印若莲花"，但乾隆对这种小把戏颇为讨厌，让太监把这名秀女轰出了宫。可见在这方面下功夫的人着实不少，只不过这位秀女把马屁拍在了马腿上。

有人愿意攀龙附凤，有人则对乏味的深宫生活毫无兴趣。故宫博物院单士元先生曾有文章指出，晚清北京的故老相传中有很多八旗秀女不愿参选的故事，时常有购买汉族贫苦女子来顶替的，也就是说，嘉庆和道光两代皇帝所规范的秀女着装问题，在很大程度上并非源于汉装的流行，而是许多八旗女子不愿参选罢了。王闿运的《湘绮楼全书》中也曾记载过一则"直辞女童"的故事，即咸丰九年选秀时，一名秀女当众痛陈国运不兴，而帝王却在此选妃，"古有无道昏主，今其是耶！"更有甚者，几年前我在口述历史的采访中还听到这样一则故事，内务府正黄旗叶赫颜扎氏家族内部曾有传闻，当年他们的高祖安达里因甘愿随皇太极殉葬，全家从内务府被抬入外八旗，后来就是由于家中的一位女儿不愿意入宫，在参加选秀的路上，用剪子自尽了，于是全家因此获罪，再度被降入内务府。这类传说很多，虽不一定真实，但可见不愿进宫的秀女也绝非少见。

其实，"步步生莲"者与"直辞女童"相对还是少数，对于那些十几岁的少女来说，她们更多的只是沉默的群体，入宫与不入宫都不要紧，只要能赶快挨过选秀这一天就比什么都好。

当然，除选秀之外，御花园里还有诸多宫廷的生活场景，比如在天一门内的钦安殿，内中供奉着真武大帝，这是大年初一皇帝祭祀的第一站。再如顺贞门内东侧的堆秀山，每逢九九重阳节，皇帝与后妃会在此登高望远，尽享秋色。而随着这些画面的淡去、消失，再回望满园山石、雕梁画栋，郁郁葱葱的古柏老槐之间不知掩藏了多少传奇和往事。

真相只有翊坤宫知道：断发皇后被废之谜

那拉氏的奋斗史

　　翊坤宫是紫禁城的西六宫之一，位于储秀宫之南、永寿宫之北、长春宫之东。光绪年间，慈禧太后为过五十大寿，将翊坤、储秀二宫打通，连成一片，形成了四进院的格局。我们现在看到的场景就是对慈禧太后当时生活的复原。不过，在此之前，翊坤

翊坤宫殿外

翊坤宫内景之一

翊坤宫内景之二

宫还居住过一个因剪发而知名的女人，正是被童年神剧《还珠格格》严重丑化的那位皇后。今天我们就要在故纸堆的边边角角中，拨开历史沉积层的重重迷雾，还原她本来生动丰满的面貌。

　　她是乾隆的第二任皇后那拉氏，因而又被称为"继后"，和历史上大多数后宫女眷一样，她的真实名字并没有留下任何记载，《清史稿》等一些文献把那拉皇后写作"乌拉那拉氏"，其实是一个讹误，因为《清史稿》是尚未成书的稿件，所以未经订正的错误会比较多。参考早在乾隆九年刊行的《八旗满洲氏族通谱》，书中就很明确地记载了继后家系辉发地方那拉氏，满洲镶蓝旗人，除了父亲讷尔布和先祖莽科赫然在册之外，族中其他男性成员的名字与职务也都一目了然。而所谓辉发与乌拉都属于地域名、部族名，那拉才是姓氏。比如我们熟悉的慈禧太后，就是叶赫地方那拉氏的后裔，所以又称叶赫那拉氏。这就像同为姓张的人家，但有北京张氏、天津张氏之分，虽然并不十分贴切，但大致是这么个情况。同理，辉发那拉与乌拉那拉虽同为那拉氏，却完完全全是两个不同的家族。

　　继后的家族在入关以后虽然算不上头等世家，门第也不低，与慈禧太后娘家的情况很相近，一直是中等世家，并且家里的亲戚也大多是中级官员。雍正十二年，那拉氏参与了三年一度的八旗选秀，被雍正相中，指婚给当时的宝亲王弘历做侧福晋。其实，从清代八旗世家间的婚姻状况来看，按他们家的条件，那拉氏就是给王爷当福晋也并不为过。比如清代最后一位肃亲王善耆，他的嫡福晋赫舍里氏，家庭情况与这位那拉氏不相上下，而善耆的四位侧福晋都是什么样的出身呢？第一侧福晋是福晋的陪嫁丫头，第二侧福晋是王府坟地上的包衣，第三侧福晋是王府旗地上的包衣，第四侧福晋则是从民间买来的。当然，像肃亲王这种远支王公和皇子还是不一样的，更何况既有皇帝做主，又许给了最受宠

太极殿影壁

爱的宝亲王，也就不显得那么委屈了。

　　那拉氏在雍正十二年入宫，一年后，雍正帝晏驾，她成为乾隆帝的娴妃，之后的十几年里，一直过着比较平淡的日子，也未曾产下一子半女。虽说后宫的女人没有子嗣并不代表皇帝肯定不喜欢她，但与那拉氏后来的高产相比（四年生下二子一女），可以看出这段时间乾隆对她实在平平。皇上给予她的无非礼貌性的恩宠，以示雨露均沾，搞搞人心上的平衡罢了，若说真正的恩宠，与皇后富察氏、贵妃高氏、纯妃苏氏、嘉妃金氏以及后起之秀令妃比起来都是无法企及的。唯一特殊的是，从赏赐档案中的一些记录来看，乾隆会赏给她一些书画作品。要知道，宫里的女人大多文化程度不高，很多人以礼佛诵经为毕生事业，像慈禧太后就曾经着力标榜自己的才能，以示她与那些只会念经的女人不一样。故而皇帝对后妃的赏赐常常是各种版本的佛经。我们上文已经提到，那拉氏的家庭条件比较优越，在文化修养方面可能受到过良好的教育，这就使她在后宫的众多女性中显得卓尔不群。饶是如此，也并没有能得到乾隆的更多青睐。谈过恋爱的人都知道，男女之间有共同语言才会使彼此的情感基础更加牢固，可这一点在乾隆与那拉氏身上几乎全无体现。反观那位宫女出身却迅速得宠的令妃，乾隆给她的满语封号是ᠮᡝᡵᡤᡝᠨ（拉丁文转写为 mergen），也就是"机智、聪明"的意思，可见乾隆情感的兴趣点并不在于文化水平上的高低，而在于这个人是不是跳脱有趣。或者我们可以做一个更大胆的猜想，乾隆对书画的爱好，其实更多的只是附庸风雅，那么他们之间所谓的"共同语言"自然就显得不那么重要了。

有人会问，既然乾隆并不看好那拉氏，那么在孝贤皇后去世后，为什么还要让她继任皇后之位呢？其实很简单，选皇后不是要选最爱的，而是要选条件最合适的。此时再立新皇后，一是看她的出身门第，二是看她在后宫的资历。皇后嘛，自然还是要讲家族门第的，毕竟关乎皇家体面。论出身，当时以舒嫔家的门第最高，舒嫔是康熙朝大学士明珠的后裔，但在乾隆六年方才入宫，资历太浅，倘若以嫔位直接晋为皇贵妃或皇后，实在没有先例可循，更何况乾隆对她也没那么喜欢，犯不上为了她而破例。论资历，当时后宫里位分比较高的有纯贵妃、娴贵妃、愉妃、嘉妃，四人都属于早年的潜邸旧人。但愉妃、嘉妃都出身内务府包衣，身份比较卑微，纯贵妃更是江南的汉人，到乾隆四年才以包衣入旗。这三位当贵妃似乎还可以，没毛病，可封后就实在有点上不得台面了。两相比较，娴贵妃那拉氏才脱颖而出，既有中等世家的出身，又已经居贵妃之高位，还有潜邸旧人的老资格，理所当然地成为继后第一人选。当年乾隆给她的封号为"娴"，满文释义为ᡝᠯᡝᡥᡠᠨ（拉丁文转写为 elehun），即"心宽、度量大"之意，可见那拉氏的性格也比较适合做皇后。

乾隆十三年，孝贤皇后在东巡途中突然去世，正值壮年的皇帝需要再立一位皇后，以彰母仪天下之事，皇太后也需要一位儿媳妇来管理后宫，那拉氏成为条件最合适的人选。乾隆十四年，她被晋为皇贵妃，乾隆十五年被册封为皇后。

那拉氏之前大概没敢想过自己有朝一日能成为大清的皇后，管理六宫，行使掌管后宫各项礼仪、祭祀之权力。尽管这个后位乾隆给得并非那么情愿，但他们还是在四年内生下了三个孩子，这也许和乾隆素来的"嫡子情结"关联更大，倒不能说明二人的感情就一定有太大的改善。乾隆十六年，孝贤皇后三周年忌日那天，乾隆一首悼亡诗的其中一句写道："岂必新琴终不及，究输旧剑久相投。"很明显，"新琴"寓指继后，"旧剑"寓指孝贤，一番自问自答下来，终究还是新不如旧啊。但他没有因此就过分冷落那拉氏，起码在一切关乎礼仪的场合下，都给予了她与之身份相匹配的体面和尊重。对于性格恬静的那拉氏而言，与皇帝丈夫还算相敬如宾，又有子女承欢膝下，加之凤冠所承托的强烈仪式感，她未来的皇后生涯似乎与历史上其他的皇后一样可以一眼望到头。

直到乾隆三十年，帝后南巡途中，看似风平浪静的后宫一夜变了天。皇后突然闹出"剪发事件"，被提前送回京城，紧接着令贵妃很快被册封为皇贵妃，而继后也没有再出席她应该参加的各项礼仪性活动，一年多后，撒手人寰。

平地惊雷的剪发事件

那拉皇后的"剪发事件"是清代后宫中极为神秘的一件大案。说它神秘，主要是整个事件实在蹊跷，事前太过平静，毫无征兆；

事后风浪却太过剧烈，波及甚广。官方给出的说法又总是含糊其词，遂引来了后世无尽的猜测。

　　乾隆三十年早春，皇帝开始了他第四次南巡，此次江南春游，除了陪伴太后外，随驾的有那拉皇后和令贵妃、庆妃、容嫔、永常在、宁常在。从所有记载来看，南巡一开始的时候，乾隆与继后的关系没有任何异常，途中赶上了皇后的生日，由于出门在外，条件有限，没像往常一样大操大办也合情合理，并且皇帝在行程中，每顿饭时都会给皇后赏菜，直到"剪发事件"的前一天，即闰二月十七日，早膳赏了她一份"爆炸板筋"，晚膳赏了她一份"攒盘肉"。总之，所有事情都有条不紊地进行着，按乾隆的话说，真是一派"承欢洽庆"的景象。总而言之，从所有的记载中都看不出他们有矛盾的迹象。

　　可就在闰二月十八日，皇后"性忽改常"，如晴空霹雳一般爆发了剪发事件，做出了满人最忌讳的举动，皇帝迅速地做出了处理，收回皇后的宝册，将那拉氏圈禁，让她成为名存实废的皇后，并紧急册立令贵妃为皇贵妃，将大部分皇后的职权进行移交。所有事情都是秘密地进行，外人知之甚少，紫禁城依旧保持着表面上的风平浪静。

　　一年以后，即乾隆三十一年的中元节前夜，那拉皇后在翊坤宫去世。如何处理其身后事成了一件麻烦事。那拉氏生前一直被圈禁，但并未对外宣告，位分已是名存实废，死后自然不能按皇后的标准举办丧仪，可皇后的葬礼若不合乎制度，后宫的巨大变化就要对外界说明，那么相关的一系列事件都会渐渐为外人所知，并附会成各种传闻，皇家的颜面必将受损。若完全按标准制度进行，乾隆又咽不下这口气。最终，皇帝选择了宣泄愤怒，以一系列不近人情的手段对待那拉皇后的身后事和她的家人。

第一，按皇贵妃礼下葬。宫廷的一切待遇都是和等级挂钩的，礼仪上的降等，是首要的处罚。

第二，不上谥号。皇后去世，有一项重要的待遇，即上谥号，谥号是对亡人一生的评价，比如乾隆的母亲孝圣皇后，圣就是对她的评价，再如孝贤皇后，贤亦是对她的评价，而皇贵妃以下，则不予上谥号。不给那拉皇后上谥号，一方面是对她待遇的降等，另一方面也是皇帝对她不想评价，而这不想评价更是最愤怒的评价。

第三，那拉皇后没有自己的墓穴，而是葬于纯惠皇贵妃的园寝，也不享受任何祭祀供奉。那拉皇后就像人间蒸发了一样，乾隆对她的这些处置，就等于让后世子孙感觉不到她的存在。

第四，剥夺了那拉氏家族的世管佐领。后宫事件，无论妃嫔罪有多大，一般不太会牵涉其家人。那拉皇后家族曾在入关时立有大功，被赐予了世管佐领的特殊待遇，也是他们家成为中等世家的保证。什么是世管佐领？佐领是八旗基本组织单位的长官，位居四品，与地方上的知府大致相当，而世管佐领就是说，这个单位世世代代都由你们家人来当领导，在清代八旗中具有很高的地位，是一个家族地位的标志，这一点有时比官位品级还重要。皇后获罪，殃及家族，此时她的父兄已死，侄子讷苏肯被一撸到底，世管佐领又划归宫中佐领，由中央派遣流官管理，他们家得以支撑世代身份、地位、财富的来源也被剥夺，由此从一个中等的军功世家变为平民。这一点其实是很过分的，清宫以诸多制度将后妃与她们的原生家庭剥离，只要把闺女送进了宫，他们家几乎就算没这个女儿了，反之，后妃在宫里获了什么样的罪，自然也没有道理去追究她的家人。乾隆对那拉氏家族如此严厉的打击，在清代后宫事件中，是极为罕见的，也更凸显他对那拉皇后的愤恨之深。

有多深呢，如果对清代宫廷美术史有所了解的话，会发现继后的形象被人为地统统抹去。不仅单独的画像被销毁，就连在各种庆典图、行乐图这样的长卷里，她的形象也悉数被涂改成他人。很明显，乾隆的意思就是要权当这个人根本不存在。可以想象，他对那拉氏的厌弃之情到了何等地步。

越抹越黑的官方解释

皇后的身后事有如此剧变，官方自然要给出一个说法，以弹压舆论，尽可能地遏制人们对后宫的各种猜想。按《清实录》的记载，在皇后去世后的第二天，乾隆发了一道上谕：

> 皇后自册立以来，尚无失德。去年春，朕恭奉皇太后巡幸江浙，正承欢洽庆之时，皇后性忽改常，于皇太后面前，不能恪尽孝道，比至杭州，则举动尤乖正理，迹类疯迷，因令先程回京，在宫调摄。经今一载余，病势日剧，遂尔奄逝，此实皇后福分浅薄，不能仰承圣母慈眷，长受朕恩礼所致。若论其行事乖违，即予以废黜，亦理所当然，朕仍存其名号，已为格外优容。但饰终典礼不便复循孝贤皇后大事办理，所有丧仪止可照皇贵妃例行交内务府大臣承办。

大意是说：皇后这个人向来没犯过什么错误，去年南巡的时候，一切都好好的，不知道为什么突然疯了，在皇太后和我的面前做了一些让人不能理解的忤逆之事，我就让人送她先行回京了，没想到在宫里调养了一年多，不见好转，反而溘然长逝，这也是她福薄命浅。按她去年的行为，就是把她废了也不为过，但我已经格外施恩，依然保存她皇后的名号。如今她已死，但要按照孝贤皇后葬礼的先例来处理就不可以了，就参照皇贵妃的规格让内务府去办吧。

这份谕旨有两个问题：一是乾隆掩盖了皇后被圈禁的事实；二是事件交代未清，何以受此重责？皇后为什么"性忽改常"？又做了什么样"尤乖正理"的举动？都没有给出解释，只是说她"迹类疯迷"，这就很值得玩味了。

直到乾隆四十三年，皇帝才说出皇后"乃至自行剪发则国俗最忌者"。按满洲习俗，女人在长辈或丈夫去世的时候，会剪下一绺头发以表达哀思。那拉氏的父母早丧，乾隆三十年，其随皇帝和太后南巡，在途中剪发，这是以极端的方式诅咒皇帝和太后（有可能只是诅咒其中一人）。可究竟是何原因让那拉氏做出如此激烈的剪发举动？乾隆却闭口不提，不做任何解释。所以在世人眼中，关于此事的官方说辞总是因没有前因后果而难以服众。

宫闱秘事，最忌讳的就是有外臣议论，乾隆的意思是，既然我已经官宣，就不许你们再妄言，所以他对这件事呈高压打击之势，若有人稍有异议，就会遭严惩。比如《清实录》记载，御史李玉鸣向乾隆上疏："内务府办理皇后丧仪，其上坟满月，各衙门应有照例齐集之处。今并未闻有传知，是否遗漏？"他是依照《清会典》中关于皇后丧礼的制度，试探性地向皇帝谏言，没想到乾隆大怒，直接就把他发配伊犁了。

再如，《啸亭杂录》和《李朝实录》记载，身为宗室的刑部尚书阿永阿为那拉皇后的遭遇鸣不平，向乾隆冒死力谏，却被直接发配黑龙江。可事实上乾隆对阿永阿的处罚，比这两个文献所记载的处罚要重得多。近两年有学者发现了一条当年处置阿永阿的档案，从档案的记载来看，阿永阿不仅被发配黑龙江，而且还被革除了宗籍和旗籍。所谓革除宗籍，就是把他开除出整个爱新觉罗家族，不再享有皇族的各项优厚待遇。革除旗籍，就是他和他的后代永远不再享有八旗的各种待遇。更有意思的是，这段历史仅记载于此条档案，未见于官方史书。我们都知道，明清两代的《实录》，都是新登基的皇帝依据档案史料来修上一朝，也就是其皇父时期的历史。当嘉庆皇帝看到这条档案的时候，都觉得乾隆做得太过分了，本着为尊者讳的原则，未将阿永阿的事迹入史。一般来说，清代对于多么机密的档案，都不会篡改和销毁，但外人几乎是看不到档案的，阿永阿之事只见于档案，不见于官书，就是说嘉庆帝为了朝廷的脸面，强行将这桩案子在《实录》中"404"了。而《啸亭杂录》和《李朝实录》这样的笔记与外国史料，不在皇家管理之内，也就将这一听闻来的故事片段，记载流传下来了。

此外，为皇后事向乾隆上疏的生员金从善，被处以极刑；"严譜私拟奏折请立正宫案"被打成了文字狱。总之，凡涉及那拉皇后的舆论，皇帝都以极严酷的手段来处理。

那么问题就来了，对皇后的身后事处理得非同寻常，官方的说法又总是遮遮掩掩，尤其是对相关舆论出乎意料的严控，最终使得这一事件显得格外扑朔迷离，引起世人纷纷猜测。以至于后世的野史杂说对此不断进行演绎，帝后反目演变成清宫极为吸引眼球的疑案，影响之深远，时至今日仍未消弭。

有乾隆私幸民女之说。比如《清鉴辑览》记载乾隆在南巡杭州的时候，曾经微服登岸与民女私会，皇后劝阻，结果被皇帝以疯病发作为名送回京城。有乾隆欲立妃之说。乾隆朝有个文字狱，叫"严譜案"，严譜在乾隆三十年的时候，在山西就听说了皇后事件，并说是由于皇帝想立一个妃子，皇后不依，皇帝不听，结果她将头发剪去。甚至于《清朝野史大观》中，还有更离谱的皇后出家为尼的说法。

皇后真的疯了吗?

以往有前辈学者对剪发事件进行过一些研究,从主流的观点来看,是比较倾向于皇后病变而致剪发的,也就是说皇后是真的疯了。毕竟,从事发的历史时期来看,帝后正处在一个没有太大利益冲突的时期,几乎没有明显的矛盾点可以引发这么激烈的事件。皇后也不会因为喝不上半碗杏仁茶就跟皇帝寻死觅活的,能导致帝后之间巨大矛盾的利益冲突,大致就两点:一是争宠问题,二是立嗣问题。当然,朝鲜《燕行录》中记载有一则"盗珠案",可能关乎帝后关系的问题,但此事全无旁证,而且朝鲜使臣在京时会受到朝廷的诸多限制,他们有关宫廷事件的信息往往只来自胡同口的老大爷,很不可靠,所以在此我就不予讨论了。

先说争宠。从实际情况来看,那拉氏剪发前后的两三年内,只有令贵妃一人得到晋封,可从皇贵妃相对简陋的册封典仪来看,明显是匆促中决定并执行的,也就是说皇贵妃的册立在很大程度上也是由于突发了皇后的剪发事件,皇帝需要一个人摄六宫事。况且上文已经提到,那拉皇后原有的封号"娴",其满文系"心宽"之意,她与乾隆相安无事多年,从未得享盛宠,对争宠之事也比较淡然,不大会因皇帝偏爱于谁,就做出如此激烈的举动。而野史中提到的乾隆因私幸民女为皇后所劝阻而引发矛盾,就更是外界不懂宫廷生活的胡乱猜测。高宗后宫以民籍入宫的后妃并不少,如纯妃、怡嫔、容妃、庆妃,都是那拉氏熟识的,这事一点也不新鲜,而且皇帝有织造官为他专门安排,人家有自己的渠道,根本无须特意在杭州私会。

再说立嗣。前文已提到,乾隆有嫡子情结,那拉氏又已有十二阿哥,在剪发事件之前,皇帝从未对永璂表示不满,包括后来嘉庆帝也有诗文纪念他的十二哥,称赞其向有文才,立他的可能性是很大的。

所以皇后没有什么理由为自己的儿子对皇帝做出如此极端的举动。而她这一番操作下来，反而连累了儿子。若说是乾隆看重五阿哥永琪，可事发当年，永琪常年多病，最后还死在了皇后前头。若说乾隆偏爱令妃，欲立十五阿哥永琰为嗣，但此时永琰尚小，储位继承人也是直到乾隆三十八年才被写入密函之内。总之，各种矛盾都不应该发生在这个时间点上。

《清代宫廷史》一书就曾提出那拉皇后更年期病变的说法。乾隆三十年，继后已年近五十，正处于更年期，"最易激怒、多疑"，清宫生活又确实比较沉闷，在宫内时，常年被各种宫规及事务缠身，压力大、责任重，皇后的身份令她对外不敢也不能流露出任何情绪，长此以往很有可能积郁成疾。而南巡时，很多礼仪均从简，仪式感突然降低，不免会产生情绪上的波动，遇到些许刺激，从而诱发更年期的病症，失去了理智，遂做出剪发这样激烈的举动来，但那个时代的人对更年期是没有认知的，所以乾隆会觉得她"尤乖正理，迹类疯迷"。这是我以往比较倾向的观点，但近两年有新的有力证据出现之后，我的认识也有了一些转变。

在 2017 年底南京博物院举办的"走进养心殿"展中，两份看似平常的"请安折"却让我们更接近了那拉皇后剪发的秘密。原本只是皇子皇孙请安问好的折子，一般的回应只是一句"知道了"。可万万没想到，平常到不能再平常的"请安折"，却勾出了乾隆连篇累牍的回复；更没想到的是，这些朱批回复的正是皇后剪发事件之后，皇帝对她的处置安排。

从乾隆的朱批原文来看，对皇后的安排大致有五项：

①将皇后按指定路线送回翊坤宫，圈禁于后殿。

②使皇后与宫内其他人隔离，统一言论，所有有关她的消息，由太监潘凤对后宫发布。

③任命太监开齐礼为翊坤宫首领太监，同时削减皇后的生活待遇。

④发落了皇后原有的宫女和太监。

潘鳳等謹
奏
舒妃 妃 嬪 貴人 常在等位恭請
萬歲爺安
四阿哥 六阿哥 八阿哥 十一阿哥 十二阿哥
十五阿哥恭請
皇父萬安
和敬固倫公主 和嘉和碩公主 七公主 八公主
九公主 定安親王福晉 循郡王福晉 四阿哥福晉
五阿哥福晉 六阿哥福晉 八阿哥福晉恭請
皇父萬安
綿德阿哥 綿恩阿哥恭請
皇祖父萬安
綿恩阿哥福晉 循郡王長女 五阿哥長女恭請
皇祖父萬安
碧桐書院阿哥 四阿哥長子 五阿哥之子都好
宮內圓明園俱清吉平安謹此
奏
聞

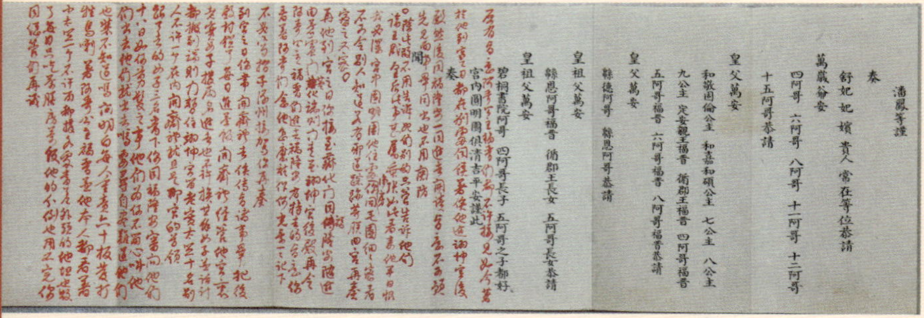

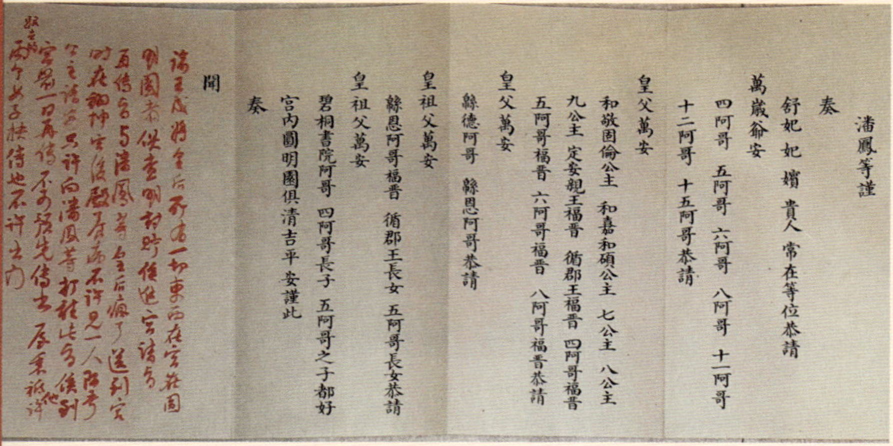

十五阿哥请安折之一（拍摄于南京博物院“走进养心殿”展）

潘鳳等謹
奏
舒妃 妃 嬪 貴人 常在等位恭請
萬歲爺安
四阿哥 五阿哥 六阿哥 八阿哥 十一阿哥
十二阿哥 十五阿哥恭請
皇父萬安
和敬固倫公主 和嘉和碩公主 七公主 八公主
九公主 定安親王福晉 循郡王福晉 四阿哥福晉
五阿哥福晉 六阿哥福晉 八阿哥福晉恭請
皇父萬安
綿德阿哥 綿恩阿哥恭請
皇祖父萬安
綿恩阿哥福晉 循郡王長女 五阿哥長女恭請
皇祖父萬安
碧桐書院阿哥 四阿哥長子 五阿哥之子都好
宮內圓明園俱清吉平安謹此
奏
聞

十五阿哥请安折之二（拍摄于南京博物院“走进养心殿”展）

⑤仔细搜查皇后在宫内和圆明园的住处，封存她的一切物品。

皇后"自行剪发"已经确认无疑，对她进行圈禁，降低生活待遇，也都在意料之中，但那拉氏为什么剪发，乾隆似乎提供了两种可能。

第一种可能，皇帝在朱批中说"皇后疯了"，皇后剪发的行为被他判定为疯病所致，按俗语说，就是"被病拿的"，是意识不清时的举动，这与《清实录》中记载的"迹类疯迷"比较吻合，基本属于一种无罪推定，那么那拉皇后的罪责并不大。此外，在《上谕档》中另有四份满文档案，是护送皇后回京的四额驸福隆安的奏折，都是向皇帝汇报那拉皇后行程中的健康状况。对照之下，这三种文献材料似乎都说明皇后是真的病了。

第二种可能性出现于朱批里皇帝的另一个说法："皇后此事甚属乖张。如此看来，他（她）平日恨我必深。"也就是说，乾隆判定皇后的举动之所以"甚属乖张"，是因为她恨自己，而且从行为的激烈程度来看，应该恨得很深，但无论如何这都是完全行为能力人合乎逻辑的行为，与"疯了"不同，这属于有罪推断，当面谤君，知法犯法，那拉皇后的罪责可就深重了。

同一份档案里，有罪和无罪，都让乾隆说了，这不是自相矛盾吗？朝令夕改，这样的前后矛盾还合乎逻辑，但同一篇谕旨里的矛盾就不能不说明问题了。如果皇帝认定皇后疯了，那基本就属于无罪推断，隔离养病也算不为过，但如上文所述，乾隆之后对她一系列极不近人情的处置，就有点说不通了。我们再进一步仔细揣摩一下朱批里的内容，从字里行间还是能看出一些问题的。

朱批里说:"宫外圆明园他住处、净房,你同毛团细细密看,不可令别人知道,若有邪道踪迹,等朕回宫再奏,密之又密。"他令人检查的"邪道踪迹",应该指的是一些巫蛊之术,这有两种可能,巫蛊之术有可能是针对皇后的,也有可能是针对皇帝的。如果乾隆怀疑皇后被人下了巫蛊,他很可能是在求证皇后为什么疯;如果他怀疑皇后对自己下蛊,更像是在已经确定皇后因恨剪发后,进一步调查她的罪证。

从朱批的内容来看,首先皇帝明显地将皇后对他的恨与调查"邪道踪迹"紧密地联系在一起,他给王成的谕旨说:"如此看来,他平日恨我必深。"之后便责令王成和毛团去圆明园皇后的住处搜查"邪道踪迹"。按照这样的逻辑关系,乾隆似乎比较明显地认定皇后是因恨剪发,并怀疑那拉氏还有一系列对他不利的行为。

朱批中所说的"皇后疯了"则是皇帝给潘凤的谕旨,并让潘凤将那拉氏"送到宫时在翊坤宫后殿养病,不许见一人。阿哥公主请安只许向潘凤等打听",潘凤又是宫内对皇后状况负责的唯一官方发言人,而且皇帝告诉他的是"在翊坤宫后殿养病",只是"不许见一人",但他在给别人传旨时,则明确地说"把后殿锁了"。后殿养病和锁在后殿,这两者的区别可就大了,作为发言人,只要明确皇后"疯了",在后殿养病就可以了。所以,所谓"疯了"更有可能只是对外官宣的一种说辞,是对外掩饰剪发事件真相的障眼法。

朱批中的另一处也显得比较蹊跷:

> 跟了去的女子三名,当下你同福隆安审问他们十八日如何剪发之事,他们为何不留心,叫他们出去他们就出去吗?要寻自尽难道他们也装不知道吗?问明白每人重责六十板发

打牲乌喇（拉），着阿哥公主福晋并他本人都看着。

可以看出，皇后应该是让宫女出去之后独自剪发，并非宫女不尽职，但乾隆却要强加罪责，所谓"叫他们出去他们就出去吗？要寻自尽难道他们也装不知道吗？"，实在是欲加之罪，主子让侍女出去，侍女岂有不出去之理？而且皇帝对宫女的责罚也格外严厉，一般来说，清代宫女犯罪，比如偷窃、不敬，往往就是打上几板子送出宫了事，涉及自尽这样的重罪，才会受到重责六十发往打牲乌拉这样严厉的处罚。所谓"发往打牲乌拉"，基本上与我们在电视剧里常看到的"发往宁古塔与披甲人为奴"的处置相似。欲加之罪，还受此重责，更为过分的是，要让皇后在众人面前看着打，这每一板子不都是打在那拉氏的脸上吗，打击她那颗已经对皇帝悖逆的心。这明显是皇帝对她进行报复，借宫女之身，泄己之恨。如果皇后是真的疯了，即便是处置宫女，乾隆的手段恐怕也不会如此毒辣。

由于两份朱批档案的出现，我们已经可以很清楚地确知剪发事件以后乾隆对皇后的处置，剪发事件的很多线索也就更明朗了。从乾隆的观点来看，是那拉氏对皇帝的"恨"，促成了她的极端举动，这是目前所见材料中最具可能性的动因，而"皇后疯了"更像是掩人耳目的说辞。《清代宫廷史》里的病变说其实是不无道理的，但那些都只能是她剪发的基础诱因，势必会有一个关键事件的刺激，才能导致她不可自控地爆发。而两个当事人，一个生前就被封了口，另一个带着秘密进了坟墓。究竟是什么让她会对皇帝有如此之怨？剪发的诱因又是什么？何以继后的画像，几乎尽被乾隆销毁？这些问题尚属历史之谜，还有待学者们进一步的发现。

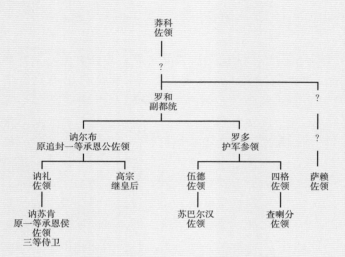

继后家族世系

永寿宫的骄傲：独此一例的『满汉通婚』

"满汉不通婚"的历史真相？

永寿宫是紫禁城里比较核心的后妃寝宫，距离养心殿和乾清宫都很近，经过顺治时期的大修，皇帝便将其赐居于嫔妃，而这里的第一位主人，却是一名民籍汉女。清军刚刚入关，天下未定，为了拉拢中原人士，清廷开始鼓励旗人与汉人通婚，以建立更牢固的统一战线，于是在顺治五年下了一道上谕："方今天下一家，满汉官民皆朕臣子，欲其各相亲睦，莫若使之缔结婚姻。自后满汉官民有欲联姻好者听之。"顺治大婚后，为做出表率，招选出身于直隶滦州的民籍汉人吏部左侍郎石申之女入宫，赐居永寿宫，顺治称她为"永寿宫妃"，后在康熙时被追封为恪妃。但没过几年的顺治十二年，皇帝又下达了一道上谕："太祖太宗制度，宫中从无汉女。且朕素奉皇太后慈训，岂敢妄行。即天下太平之后尚且不为，何况今日。"什么"太祖太宗制度""皇太后慈训"，不过是一些冠冕堂皇的说辞。其实道理很简单，满人属于少数民族，通婚的融合政策一经执行，满洲血统很容易就会被数百倍于己的中原汉人湮灭。尤其是旗人的很多待遇高于普通百姓，旗民之间大量通婚，也会使八旗人口迅速扩大，可资源就那么多，很快就会出现"僧多粥少"的状况。正是考虑到这些因素，清廷很快便

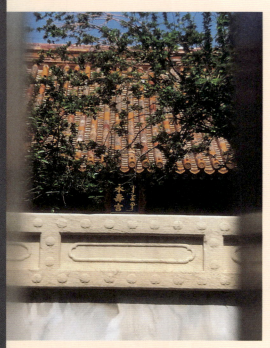

门缝中的永寿宫

叫停了这一政策，而"汉不选妃"，或者说"旗民不通婚"则成为之后 200 多年的祖制。所以，恪妃也成为清代唯一正式迎娶的汉妃。

"旗民不通婚"在民间又被称为"满汉不通婚"，本意是说旗人不可与八旗以外的老百姓随意通婚。不过很多人对此有些误解，将它简单地理解为满人与汉人不能通婚。其实八旗之下，除满洲八旗外，还有蒙古八旗、汉军八旗，实际上，一共有 24 旗；各旗包衣旗人中，还有大量早年的入旗汉人；即便是满洲八旗中，也会有一些早年的汉姓人。比如乾隆的令妃魏氏家族，即早年入旗的汉人，清初被编入正黄旗包衣籍，令妃去世后，魏家被抬入镶黄旗满洲，即满洲旗下的汉姓人。虽然令妃一家也是汉人，但是他们无论是包衣籍，还是镶黄旗满洲籍，都属于旗人，这便不在"旗民不通婚"之列。虽然八旗系统十分庞大，也非常复杂，但"旗民不通婚"的界线也很简单，只要有一方在婚配时，该家庭并没有被编入八旗，便属于被清廷祖制禁止的。而尽管有一方是汉人，但只要在婚配时，该家庭已经入旗了，便不在禁止之列。

不过，顺治虽提出了"旗民不通婚"的制度，但清廷的管理并没有想象中那么严格，通婚的事也时有发生，甚至很多汉女入宫选妃的传闻很早便在民间甚嚣尘上，为此乾隆皇帝还特意做过解释：

> 近闻南方织造、盐政等官内，有指称内廷须用优童秀女，广行购觅者，并闻有勒取强买等事，深可骇异。诸臣受朕深恩，不能承宣德意，使令名传播于外，而乃以朕所必不肯为之事，使外间以为出自朕意，讹言繁兴。

这则上谕的大意是说：近来有传闻，一些织造官、盐政官到民间为我买女童做侍女或是备选嫔妃，这种事实在是"骇我听闻"，这是打死我都干不出来的事。不过，在不久之后的一则上谕中，乾隆也承认曾经有苏州织造海保给他进献过一些女子，被他义正词严地拒绝了。还有一些女戏子，艺术水平实在平常，他也没有接受，并说"此人所共知者"。乾隆这个皇帝非常有意思，在很多史料中都能看到，但凡乾隆当众说"人所共知"一类的话时，往往已经纸里包不住火了。但是作为皇上，总要"道貌岸然"一下，把柄虽然被人抓住了，必须有理由开脱一下，以证明朕对于此事是多么"人所共知"的无辜。就海保进献女孩的事情而言，是否真的被乾隆拒绝了，现在并不可考，不过他说自己绝不肯招选民籍汉女入宫，这是绝不可信的。从很多宫廷档案的记载来看，不仅是乾隆本人，甚至在他祖父康熙的后宫里，都不乏汉妃的身影。

窗外的紫禁城

清宫真的只有一位汉妃吗?

乾隆七年,皇帝命内务府清查《玉牒》,看看当时宫内包括皇祖太妃及自己后妃等女眷的姓氏家族情况。经查,康熙的襄嫔和静嫔均系民籍汉女。襄嫔高氏,系直隶正定府民高廷秀之女;静嫔石氏,系陕西宁夏民石怀玉之女。不仅如此,在其他档案中,我们还发现康熙的密妃王氏、穆嫔陈氏也是民籍出身,这4位汉妃中以密妃地位最高,在康熙生前已经晋升嫔位,其他3人在当时都是位分比较低的庶妃,直到乾隆年间才获得嫔位,其中穆嫔的嫔位还是死后被追封的。这4人均为康熙生下了子女,其子女也并没有因为她们汉妃的身份而被区别对待,其中允禄、允祕都被封到了亲王的爵位,尤其是庄亲王允禄,在雍正时极受重用,乾隆初还成为辅政亲王之一。

当然,康熙帝的汉妃可能还不止这些。葬在他皇陵中的庶妃共有28人,其中有11人被收入《玉牒》,但对大部分人来说,只能了解到她们是某贵人、庶妃某氏这样的称号,出身信息基本属于空白,还有17人连称号都未曾记载。她们当中是否还有汉妃,现在并不可知,若有汉妃也是有可能的。

相比康熙帝,乾隆帝在这方面做得其实更过分,只是他的操作会显得更加隐秘。清宫有很多乾隆时期后妃入旗档案,比如纯惠皇贵妃苏氏、庆恭皇贵妃陆氏、怡嫔柏氏等。她们本是江南民籍汉女,入宫后,乾隆纷纷将她们的家人编入八旗,所以在《玉牒》中,她们的出身都变成了某旗某佐领或某管领下人。如果只查阅官书,未看到这些档案的话,绝不会看出她们原来竟然都是汉妃。上文提到关于后宫主位姓名家世的档案中,原本出身于民籍的纯妃(纯惠皇贵妃),其家世便写为"纯妃父永保佐领下原闲散苏胜林",汉妃的痕迹便被抹去了。

从现在可查的档案来看，纯惠皇贵妃苏氏一族于乾隆四年入旗；怡嫔柏氏一家于乾隆七年入旗，后来怡嫔的妹妹在乾隆十年时也入宫为妃（档案中记为白贵人或柏贵人），虽然此时柏氏一家已经在旗，但也应算作汉妃之列；庆恭皇贵妃陆氏一族于乾隆二十二年入旗；芳妃陈氏一族于乾隆四十年入旗；禄贵人陆氏一族因人口凋零，在乾隆五十四年，也就是禄贵人薨逝当年，才将她姐夫周森一家编入旗内。

清廷实行"旗民不通婚"制度，主要考虑到旗人的待遇优于民人，两厢通婚后，很容易造成八旗人口的大量扩张，导致僧多粥少的现象，所以往往对于旗人娶汉女的事"睁一眼闭一眼"。但汉女之家则不能入旗，而旗女外嫁也大多会被禁止，毕竟按道理来说，旗女的子孙也应算作旗人。康熙帝纳汉妃，虽然有违祖制，但仍使其家族留在民籍，并不违反"旗民不通婚"的根本宗旨。乾隆将自己大量的汉妃家族编入八旗，不仅违反了祖制，更动了旗人的奶酪。而正是在乾隆朝，由于天下承平已久，八旗人口迅速增长，供养这么多旗人，朝廷已经颇感吃力。乾隆帝曾下令赐给很多旗人东北的田亩，让他们耕种，以自力更生，并以汉军本是汉人为由，让大量汉军旗人退出八旗编制，自谋生路。因此，皇帝纳汉妃本就违背了顺治的祖制，而在这八旗生计的压力下，乾隆就更不愿将宫廷招选民籍汉女的事情暴露于外。

当然，除了这些被编入八旗的汉妃，乾隆的后宫可能还有一些嫔妃出身于民籍。据不完全统计，乾隆一生后妃达 41 人之多，有很多人由于位分不高，家世并不见于记载，其中不乏一些汉姓之女，她们当中是否有人出身于民籍也未可知。

在乾隆十三年的一则档案中，苏州织造图拉向皇帝上了一道恭献民籍汉女的秘折。大致的意思是，图拉在两年前便帮皇上寻访到了一名潘姓民间女子，"举止甚庄重，身段面貌俱韵雅"，因为此事牵扯皇上，并未告诉潘家人是将其女送入宫中，便委托中间人说是京官有意聘娶，女子的父亲虽然答应了，但"其母决志不从，难以办理"，所以就一直拖了两年，也没有上奏。因为潘家的家庭状况不好，高不成低不就，女子都 20 岁了还没有嫁出，于是在中间人的劝说下，潘父贪图好处，瞒着自己的妻女，让图拉将该女子接入自己的家里。图拉的母亲亲自上阵，掰开了揉碎了给该女子讲进宫的种种好处。要说还得是老同志，做思想工作有一套，一通花说柳说之后，最后姑娘点头答应了。原文说"始觉释然相信"，于是这位织造官便向皇帝保证，次年 3 月，该女一定送到。同时，他还提到，经手这位潘姓女子的办理人，现在又密访到一位美女，如果顺利的话，两名女子会一同送往京城。为了给皇帝挑选汉妃，竟用了两年时间，可以说图拉是绝对尽职尽责。不过两名美女最终是否被送入京中，而乾隆帝是否笑纳，从目前的材料来看，还不清楚。前有海保，后有图拉，这还只是乾隆初期的记载，所以乾隆的汉妃很可能并不限于上文提到的那6 名。

在宫廷画师绘制的《崇庆皇太后八旬万寿图》中，我们还可以看出一些关于其他汉妃的端倪。在该画中，列坐于太后、皇帝两侧的嫔妃均着吉服出席，不过其中有 4 人没穿满洲传统的吉服，因为贵人及以下的嫔妃，宫里是不配给吉服的，庆典时只穿符合自己身份的正装，这 4 名嫔妃也就穿着汉族传统的凤冠霞帔，她们的出身就不言而喻了。她们究竟是谁，现在尚不能明确，仅从这幅画卷来看，乾隆的后宫很有可能还存在其他汉妃。

汉妃待遇究竟如何？

从档案的记载来看，乾隆帝给予这些汉妃娘家的待遇还是很不

《八旬万寿庆典》贴落（拍摄于故宫博物院寿康宫）

错的。第一，汉妃的亲族都被授予官位或职务，而且他们的后代在入仕方面也会被优先考虑。以纯惠皇贵妃苏氏一家为例，她的两个哥哥都被赏了披甲钱粮，就算成为国家正式职工，她的很多侄子、侄孙则获得了官职，官职最高的有委署苑副、员外郎，最差的也有个笔帖式的职务，至乾隆五十八年，苏氏后裔竟无一人闲散。很多旗人家庭，尤其是内务府包衣旗人，全家将近十口人，可能就指着一个寡妇一个月一两银子的收入度日，相比之下，苏家受到的照顾真可谓"君恩深似海"了。当然，苏氏后裔在汉妃们的亲族中算是混得最好的，但其他汉妃家族，起码在入旗的前几代，过得也会比大量普通旗人家庭优越不少。

第二，汉妃的娘家入旗后，会获得一笔极其丰厚的"安家费"。如怡嫔柏氏一家，入旗时共 11 口人，赏给住房 61 间、地 6顷，每年得租银 220 两，取租房 28 间，每月得租银 10 两。再如庆恭皇贵妃陆氏一家，入旗时共 15 口人，赏给崇文门内苏州胡同官房 75 间，涿州地 7 顷 85 亩，每年得租银 264 两；正阳门外西河沿取租房 10 间，每月得租银 12 两 1 钱。既有极为富裕的自住房，还有可以出租的房屋及获取地租的田地，房租、地租可得多少，都清清楚楚，乾隆这女婿当得也实在是贴心。

不过，从汉妃娘家入旗的分配来看，乾隆帝对他们的态度也有一些变化。在乾隆朝中前期，入旗汉女家族都被分配在内务府包衣佐领下；至乾隆中晚期，他们则都被分配到包衣管领下。内务府包衣旗人系"天子家奴"，本就出身卑微，而管领下人的身份就更为低下。很多影视剧里中出现的所谓"辛者库人"，就是管领下人的一种。管领下人分为"不食口粮人"和"食口粮人"，从字面上的意思看，好像"食口粮人"有口粮，待遇更好一些，实则正好相反，"食口粮"的意思大致就是每天发点吃的，人能活着就行，是八旗中地位最低的人群。所以，很多人是因为获罪被罚，成为这种内管领下"食口粮人"。当然，从现有史料来看，并不能确认芳妃和禄贵人的家族是否被编入管领下食口粮人，即便是"不食口粮人"，身份依然低于佐领下人。

乾隆帝对汉妃亲族态度的转变，可能与汉妃娘家人不安分有不小的关系。比如怡嫔柏氏的父母，本系苏州人，入旗后在京久居，也不免要搞一次衣锦还乡，一切均由苏州织造图拉关照。在某次返乡期间，怡嫔的母亲范氏乘轿访亲，途中轿夫撞了一个小孩，结果这个小孩的母亲与轿夫大肆吵闹，甚至与范氏扭打在一起。皇亲国戚怎么能咽下这口气，于是范氏将小孩的母亲以"殴抢"之罪告到了衙门，后来怡嫔之父柏士彩为了这么点小事，竟然又告到江苏布政使那里。为了息事宁人，布政使安宁本打算判小孩的父亲重责 30 板子，并向柏家赔礼道歉，这事就算过去了，不承想柏士彩觉得不解气，竟然诬诈小孩一家偷了他们家的金簪、珠子等贵重物品。小孩一家本是"卖糕穷民"，实在无力承担。就这样，该案呈报到乾隆那里，皇帝觉得这事实在是太丢人了，白白让手下的奴才看笑话，即命"速催其回京"。

无独有偶，在另一份档案中，我们可以看到乾隆帝对这类事件已经深恶痛绝。乾隆四十年，苏州织造舒文向乾隆帝上了一道折子，大意是说十一阿哥府中有一姓殷的使唤女子，系苏州府常熟县人，她的母亲因为想念女儿，到京探望，知道在阿哥府里，就放心了，准备回家。还说这名女子只是使女的身份，连格格的名号都没有，现在还不便将该女子一家编入内务府包衣籍，也不便分配职务待遇。乾隆特意向舒文叮咛，对殷姓女子的家人一定要留心查访，如果他们在家乡"因其女在阿哥府内，即视为荣贵，倚恃生事"，绝对不能手软。而皇帝对舒文还列举了当年安宁、普福对汉妃娘家人姑息而招惹的事端，以为警示。可见这类事件着实不少，而乾隆所说的安宁之事，有可能就是指上文提到的柏士彩回乡事件，而普福"手软"的事，我们现在尚未发现，还有待进一步挖掘史料。

这份档案还透露出另一则信息，也很值得玩味。档案中说殷姓女子系苏州府常熟县人，因在十一阿哥永瑆府内尚无名号，所以她的家人还不便被编入八旗，也就是说她确系民籍汉女，而且不是十一阿哥私纳的。当时永瑆并没有分府出宫，一直住在宫内，他是没有能力通过自己的途径获取汉女的，从制度的推论来看，应该就是乾隆帝赐给他的。这种皇帝给皇子赐汉女的事，可能还是一种传统惯例。上文提到的汉妃纯惠皇贵妃苏氏，是乾隆帝在潜邸时的格格，雍正十三年时已为他诞下了皇三子永璋，乾隆二年时册封为纯妃。也就是说，纯妃应该是当年雍正帝赐给他的，而且给皇子赏赐侍妾这种事也并非个案，嘉庆就曾提到"婉太妃母妃，从前皇考在藩邸时，蒙皇祖所赐"。到了十一阿哥永瑆的民女殷氏这里，就是乾隆对这种传统惯例的又一代传递。

康熙帝以什么渠道获取汉妃，尚不清楚，不过从档案的记载来看，乾隆帝的汉女大多出于织造官、盐政官的供献。这些人都是内务府包衣出身，原本就是与皇帝有极为亲密关系的奴才，类似《红楼梦》里贾宝玉和茗烟的关系。他们当年侍奉主子有功，往往日后会被放到这些肥缺上，因为信得过、用得上，所以皇帝的一些机密事务也常常让他们来办理，上文提到的海保、图拉、安宁、舒文、普福都类似这种情况。而且在这份档案中，我们还看到，这些人不仅要为皇帝办理机密事务，连皇子的内务有时候也要让他们办理。

康熙帝和乾隆帝的汉妃信息一直比较隐秘，只是随着档案的开放与挖掘，近些年才被广泛发现，而其他清代皇帝后宫是否存在汉妃，现在还缺乏确凿的史料支撑，需要进一步挖掘和研究。早年传说最盛的其实是咸丰帝的后宫，民间有"四春娘娘"的说法，即海棠春、牡丹春、武陵春和杏花春，都是皇帝给后妃起的外号，而据闻这"四春"都是小脚汉妃，但目前还没有确凿的证据。前辈学者于善浦曾提到，他多年前在档案中见过海棠春系禧妃察哈喇氏，并非民籍汉女。由于中国第一历史档案馆对档案进行了重新整理编排，当年的档案号码都作废了，至今还没人再看到这条信息，不过这也是关于咸丰汉妃目前唯一的线索。从上文所述的内容来看，清代虽定立了"旗民不通婚"的祖制，但清廷并没有严格遵守，汉妃是确确实实存在的，只是有的被明确证实，有的则尚待发掘。如果有人说某位皇帝的后宫中没有民籍汉女，仅以这条祖制为证的话，如今已经很难立论了。

后宫职场篇

承乾宫的黑暗面：谁是杀死宫女的幕后真凶？

宫女究竟死于谁手？

乾隆五十三年，那答应位下有一名宫女五妞在其承乾宫投井自尽，内务府向皇帝汇报，说这名宫女因被责打而一时想不开，以致投井。人命关天，乾隆很关心，并对案件的每一个环节都要求有很细致的呈报，比如他询问内务府"以八寸井口，该女子何能投入"。也就是说，皇帝觉得宫里的井口都比较小，一般人想掉进去并不容易，为排除他杀的可能性，所以令内务府再行勘察。仵作特为此做出说明，并由内务府呈与乾隆。报告上说，井口虽窄，但其圆周全长也有二尺四寸，宫女五妞年方十七，身体软细，倒头栽入是完全可行的，现在她的尸身皮骨已硬，井口的宽度就不够了，而再结合承乾宫太监宫女们的口供及其他证据，可以判断其确系自尽。

承乾宫院门

宫女五妞身上有八处木器伤痕，主要集中于腿上，并不很重，应该是犯了错误，被那答应命人用量衣尺一类的东西打的。不过从事后的处理来看，那答应并未因此受到惩罚，起码在当时宫规范围内，她没有过分之举。在清宫历史上，宫女自杀案往往有一些共同点，她们大多并未成年，处于青春期，情绪的波动比较大。而宫廷氛围又处处渗透着等级、礼法、规矩等，虽然表面上看着井然有序，但实在缺乏人性。宫女们来此服役，在这样的年纪，遇到一些小事情，压抑日久的少女很可能就会在情绪上爆发，但

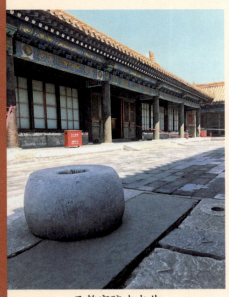

承乾宫院内水井

这种爆发往往表现为从恐惧到精神失控，这就很容易酿成悲剧。

　　道光二十六年有一起宫女案，祥贵人位下的三名宫女突然大声嚷叫着跑出她们所在的翊坤宫，即刻被拿下。经审讯，原来这三名宫女素日常因笨被责，事发当天，其中一名年龄稍大的宫女向祥贵人申辩了几句，由于顶撞了自己的主位，三个人一下无法抑制恐惧，便疯魔似的喊叫着跑出来了。这个案子很典型，宫女们长期被严格的规矩管控，约束的方式名义上是恩威并施，实则以威为主，也就是以刑罚来恫吓。这三名宫女平素都是因笨被责，有可能是被训斥几句，有可能是被打几下，不会有过重的责打情况，即便是这种"小打小闹"，时日一长，已经成为她们极为恐惧的牢笼，不过为自己辩白了几句（是否构成顶撞还不好说），就已经吓到集体精神崩溃。好在她们还没有做出更过激的行为，最后的结果也不算太坏，道光下令，将她们各打30板子，然后送出宫去。

清宫是特别忌讳自杀的，宫女、太监，乃至后妃，凡是自杀者皆获重罚。乾隆专门制定了《太监和女子自戕自尽分别治罪条例》，以重典约束宫人。该条例根据宫女自尽的不同地点、不同方式，设置了极为细化的治罪法则。比如宫女若用刀子、剪子这类金刃自杀，如被救活，则要处斩，让她再受一刀之苦；如果未被救活，则要被曝尸荒野，而且她的家人也要获罪。道光十五年，宫女二妞在圆明园上吊自杀了，此系在园庭自尽，不需曝尸荒野，但是她的父亲"虽年逾六十老病相兼"，仍被发配新疆。本文开头

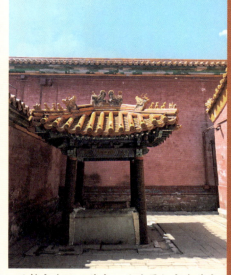

承乾宫内已无井亭，此为景仁宫内井亭

提到的宫女五妞，在宫内自尽，不仅是她自己的命运悲剧，也同样给她的家庭带来了噩运。

清代宫廷真像剧里那样黑暗吗？

不过客观地说，在中国历代宫廷中，清朝宫女的命运还是相对较好的。比如唐代、明代，宫闱之内比较黑暗，很多宫人不明不白地便被人杀害，其刑罚之狠辣，也极为出名。清代的皇帝对太监极为严苛，但对宫女相对还是比较温和的，而且提倡对待婢女要宽仁。对于宫女的一般性错误，并没有设置特别繁复的治罪条例，简单说，就是谁的宫女谁管。干活不勤快、偷窃物品等问题，由其主位自行处置，大多也是申斥几句，或命其他宫女及太监责打几下。如果屡教不改，就会被交与内务府，或被送出宫交付给她的父母，这属于后宫主位最大的处置权限了。但凡涉及更严重的问题，就要交由内

务府慎刑司来处理了。

皇帝在这方面对后妃还是有一定约束的，不可对宫女过于暴虐。乾隆四十三年有一起殴毙宫女案，按《国朝宫史续编》的记载：

> 昨惇妃将伊宫内使唤女子责处致毙，事属骇见，尔等想应闻知。前此妃嫔内间有气性不好，痛殴婢女，致令情急轻生者，虽为主位之人，不宜过于狠虐，而死者究系窘迫自戕。然一经奏闻，无不量其情节惩治，从未有妃嫔将使女毒殴立毙之事。今惇妃此案，若不从重办理，于情法未为平允，且不足使备位宫闱之人咸知警畏……惇妃即着降封为嫔，以示惩儆。并令妃嫔等嗣后当引以为戒，毋蹈覆辙，自干重戾。朕办理此事，准情酌理，惟协于公当，恐外间无识之徒或有窃以为过重者，不知朕心已觉从宽，事关人命，其得罪本属不轻，第念其曾育公主，故从末减耳。若就案情而论，即将伊位号摈黜，亦岂得为过当乎？

这段记载很长，我只节选了比较核心的一部分。乾隆的意思是说，清宫内还从未发生过责打宫女致死的事情，而惇妃竟将宫女打死，如此重戾气的事情实在是骇人听闻，关乎人命，对惇妃要从重处罚，将她的位分降为嫔。因为念及她曾生了十公主（乾隆最宠爱的女儿），所以才从轻发落，若完全以公心而论，应当直接将她的所有名分待遇统统褫夺。乾隆是要通过此事警戒后宫，绝不可以对宫女进行狠虐的惩处。

惇妃是乾隆晚年的宠妃，但打死宫女实在是不得不重罚的事情。有人认为，惇妃虽然被降了位分，但没多久便又复位，皇帝之举，不过是做做样子而已。其实这种"做样子"的警示作用是非常重要的，宠妃尚且如此，其他嫔妃在惩处宫女的时候，就要思量一下。后宫是个新人辈出的地方，往往只是“各领风骚三五年”，即便是受宠的后妃，处置宫女的时候也会忌惮三分。特别是乾隆做出了这样的先例，后世宫廷在宫女的问题上就形成了祖宗家法式的约束。

有了乾隆定立的标杆，后世皇帝对宫女也显得比较宽仁，处理问题时考虑的也更多。从道光十七年开始，皇帝专门规定了一类奏折内容，凡后宫要交出宫女（将宫女轰出宫的处罚），均要上报交出原因、宫女有何过错、打了没打、伤在何处、伤有多重，并由内务府专行检验。这项奏折制度的设立，更好地约束了后妃对宫女的责罚行为。上文已经说过，妃嫔只能就日常错误来惩处宫女，最大权限就是将她交予内务府，所以后妃的私刑，也只能限于当时的普通刑罚和用刑程度。可以推测，在此之前，很可能有一些宫女被责打得很重，然后被后妃不明不白地送出宫了。道光十七年，究竟具体发现了什么比较严重的案件，使皇帝要定立这样的稽查制度，现在尚不可知，但这项制度一经施行，后妃但凡要责打宫女，很少再有出格的举动，这又进一步约束了凌虐宫女事件的发生。比如道光二十年，皇帝将玲常在降为尚答应，起因正是玲常在交出了一名宫女。在内务府报告中，令道光震怒的不是宫女被打得有多重，而是宫女屡次犯错都是由玲常在“自行责打”，也就是说她作为后宫主位亲自动了手，这就失了仪态，丢了皇家的颜面，违背了宫规。清宫是极为讲究礼法的，皇帝、后妃作为天下之主，举手投足都要合乎天下之主的身份，换句俗话说，你长手不是干这个的。所以，玲常在被降为答应，也从此失去了得宠的机会，直到十年后咸丰继位，她才被晋升为“皇考尚常在”。

清宫对太监的管理是极为苛刻的，太监犯错，最轻的也要被打个几十板子，动辄就会被发去铡草，相比之下，清宫对宫女算是比较"呵护"的了。可以说，在清廷的眼里，太监就不算人，但宫女大致还可以算半个人。我想清宫对宫女的如此态度，大致源于两点。其一，清廷吸取了历史上宫闱黑暗的教训，历代宫廷往往对太监过宽，而视宫女之命如草芥。比如明代成化时，当时由万贵妃把持后宫，宫女纪氏被皇上临幸，慑于万贵妃的淫威，只敢偷偷生下皇子，即后来的弘治帝。小弘治长到六岁，才与其皇父相认，皇帝封纪氏为淑妃，但纪氏随即暴亡。一个生下皇帝重要子嗣的宫女，并被封为后妃，说死就死了，而且死得不明不白，当时宫闱的黑暗，可见一斑，所以明代政治上的混乱，与后宫无序有很大的关系。其二，清代宫女均选自上三旗（镶黄、正黄、正白三旗）包衣籍子女，也就是旗人。而其他朝代的宫女大多来源于民间，甚至是俘虏，上文刚刚说到的明代弘治皇帝的母亲，即宫女纪氏，便是此例。清代宫女的出身虽然不高，但世代为天子家奴，毕竟跟皇家的关系更亲密。所以，清宫宫女的待遇还是不错的。

宫女的困境：入宫不易，出宫更难？

入选，落选。福兮？祸兮？

清早期，宫里的女性服务都是由命妇（高级官员之妻）入宫提供，她们是一种有上下班制度的临时工。但顺治时，孝庄文皇后突然停止了这项制度，有很多史料显示，这可能跟董鄂妃入宫有关，这是题外话了，不过清宫也由此开始设立宫女制度。

一般来说，清代宫女主要是通过选秀制度入宫的，基本流程与选妃相似，选看标准也大致相当，主要就是看看这女子是否聪明伶俐、是否外貌周正。康熙曾评价一些从各地庄园、打牲乌拉等地送来的备选宫女，说她们"未入俊美者"。这倒不是皇帝一定要选漂亮宫女，但颜值一直是一项重要评价标准，而选秀也是时间紧、任务重，往往半个小时就要看好几百人，除了样貌，大概也看不出什么来。

在备选的范围上，选妃和选宫女会有一些不同。其一，后妃选秀均选自八旗内正身旗人之女，宫女均选自上三旗包衣籍旗人之女；其二，八旗秀女年满 14 岁就要进入后妃的备选范围，上三旗包衣籍女子满 13 岁则开始参与备选宫女；其三，选妃三年一次,选宫女一年一次;其四,八旗秀女被"留牌子"记名后,经过复选,大多数会直接入宫或嫁给一些皇子皇孙,而上三旗包衣籍女子虽然每年都参选,但被选中了也不一定马上进宫,有可能被记名多次仍未进宫服役。清宫的宫女只服侍女性主位,也就是太后、后妃、公主及皇子皇孙的福晋,每人位下的宫女名额都有限,宫里缺人手了,才会从记名女子当中进行递补,所以有些人在 13 岁就中选,但可能 17 岁才会入宫。公主出嫁时,往往也会从记名女子中挑选一些陪嫁到公主府,虽说也是宫女,但可能一辈子也没进过真正的皇宫。

我们在清宫剧里还常看到一类宫女,就是后妃的陪嫁丫头,但其实在真实的历史当中,这种事极少发生。皇帝的后妃在选秀之后只能只身入宫,没有权力带任何外人进宫。即便是娶皇后,依然没有这种可能。只有皇子娶福晋的时候,陪嫁丫头才有可能

门外的紫禁城

随主子进宫服役。

《宫女谈往录》的口述人老宫女荣儿曾说，进宫前要先在外受训几日，比如怎样请安、怎样回主子话等礼仪，还有一些入宫后要做的活计。之后，就要被分配到各宫服务了。宫女主要负责伺候妃嫔的贴身事务，如帮助盥洗、穿戴及浆洗衣服等卫生事务，铺床叠被、收拾细软等收纳事务；随侍左右、端茶递水等服务事务；针织、刺绣等，这就属于精细活计了。总之，都是后妃居室当中最日常的家务，寝宫外的粗笨活，如洒扫、搬东西，则由太监来负责。

宫女的任务虽不甚重，但终归是伺候人的奴，尤其是内务府（由上三旗包衣旗人构成）出身的官员，就更不愿意让女儿进宫当差了，他们的女儿在家也都是娇生惯养的大小姐，就更受不了这个苦。比如金朝宗室后裔、内务府第一世家完颜家，河道总督麟庆的女儿当年参加了宫女的选用，女儿落选之后，他的儿子还写过一首《贺大妹撂牌子》的诗文，以示全家欢庆。至清末，内务府世家的格局已经形成，官员们往往可以通过潜规则操作，不再让自己的女儿入宫当差了。

紫禁城里的女主人们位下有几名宫女，都是按她们的级别分配的，太后和皇后位下有12名宫女，贵妃位下8人，妃位下6人，嫔位下6人，贵人位下4人，常在位下3人，答应位下2人，其余的地方一般不使用宫女，皇上身边也只需太监伺候。有档案显示，清宫里曾有一些"学艺女子"，属于南府等处的演艺人员。严格来说，她们也应该算是宫女的身份，不过目前这方面的材料很少，她们是否都选自包衣女子，尚不明确，而且这些学艺女子更应该算作皇家戏班的艺人，并不是我们通常意义上的宫女。如此算下来，清代的大部分时期，宫女最多也超不过200人，比如嘉庆元年有份档案，当时皇帝的后宫有 8 个嫔妃，位下宫女一共44 人，再加上太上皇（刚刚退位的乾隆）后妃位下宫女，总共不超过百人。不过到了清末，慈禧太后生活比较奢侈，喜欢大排场，她率先扩充了宫女的编制，宫女的数量猛增。宣统朝，女性主位只有太后及 4 位太妃，但宫女数量却多达 122 人。我们看很多清宫剧，为了显示宫廷的排场，后宫当中总是莺莺燕燕地站满了宫女，不过这种现象只能出现在清末的紫禁城。

清宫对宫女还是比较人性化的，历代宫女往往是终身制，一入宫门深似海，不仅贡献了自己的大好年华，更是永无出头之日。而在清代，康熙下旨宫女 30 岁可以出宫嫁人，雍正又把这个服役时限进一步缩短到 25 岁，大致以 10 年为限，很多人甚至 21~22岁就可以出宫了。她们出宫后，常常由皇帝亲自指婚，并形成惯例。这样一来，宫女们对生活都有个盼头，虽然清宫生活乏味，伺候人也是吃苦受累，但服役期满，就可以解放了。尤其是皇帝亲自指婚，不仅是一项荣誉，而且许配的人家一定比自己的门第高不少。宫女都是上三旗包衣旗人的子女，往往婚配之人也是包衣旗人这个圈子，而且皇上给选的婆家，大都是八旗的青年才俊，不少还有一定的官职。这一点，不得不说雍正实在是个贴心的暖男。所以宫女们也比较害怕在服役中途被送出宫，因病出宫还好，理由说得过去，没有了皇上的指婚，就按原生家庭的人际圈出嫁，但因罪出宫或因笨出宫，这便成为她们的污点，出嫁的条件往往就要下调。

谁制造了相差 42 岁的奇异婚配？

关于宫女出宫，清宫剧里常有这样的桥段，有些后妃生性比较跋扈，对于自己用惯了的宫女，便不愿让她出宫，到了出宫的年龄也不将其上报，等于强行把宫女扣在自己的宫里。其实后妃对这种事，基本插不上手。每年皇上都会责成内务府去查该年有哪几位宫女应当出宫，由内务府大臣和敬事房总管太监等人交接此项事宜，跟后妃毫无关系。比如雍正十一年的一份内务府奏销档显示，这档差事便是由内务府大臣庄亲王允禄与敬事房总管（雍正时称宫殿监督领侍）苏培盛、领侍卫内大臣果毅公讷亲等人办理的，而宫女的婆家，先由内务府在八旗中挑选，奏报皇上，而且要让钦天监为他们合八字，八字相合，皇上才给予指婚，可见这事有多正式。

没有后妃的干扰，又有皇帝给做主，并不代表宫女们就一定嫁得好。同是这份雍正十一年的档案，当年被指婚的宫女有三人，其中两位宫女都嫁给了八旗中的佐领（四品官），而且年龄大致相当，但第三位却被配给了一位71岁的步军校！虽然也是个六品的武职，但古稀老人的仕途，也就像玻璃罐里养蛤蟆——前途光明，出路实在是不大。虽说这位宫女的年龄大了些，但也才29岁，相差42岁的老夫少妻，在那个年代，姑娘过了门，大概就被尊称为老太太了，甚至都有可能四世同堂了。这样的情况实在太不正常了。

如果说清宫向来如此，把出宫的宫女嫁给年老无依的旗人，惯例嘛，也没什么说的，只能说宫女的命运不济。可一共嫁了三个人，其中两个都是正常的，而且都是优质"王老五"，突然蹦出一位71岁的糟老头，这就不得不令人生疑了。虽然在文献中没有说明是谁，也没介绍为什么，但可以推测，出现这么不正常的情况，有可能是这位宫女或她的家人得罪过皇帝，或是说了什么不该说的话，或是对后妃伺候不周。总之，一定是让雍正不痛快了，但又不是什么大毛病，无从处罚。干脆赏一双玻璃小鞋，让她恶心一辈子。指婚，这一手"化骨绵掌"，看似体贴，实在是让人"抽筋扒皮"了，大概雍正与慈禧都奉行同一句话，"谁要让我一时不痛快，我就让他一辈子不痛快"。

关于指婚的事，民间还有一种传闻，就是把宫女指婚给太监。这就是无稽之谈了。清代有"旗民不通婚"（俗称"满汉不通婚"）的制度，宫女虽为包衣籍，但毕竟是旗人。历史上，不乏一些穷苦旗人因贫而冒充民人，暗中与普通汉人结亲，等于通过女儿来获得一些彩礼钱，这类案件在档案中多有记载，但当事人都被重判，有的甚至被发配到边疆。在宫廷当中，皇帝更不允许这类事情在自己眼皮子底下发生，何况把宫女嫁给"六根不全"的太监。而且清廷一向重视明代的历史教训，对前朝太监与宫女祸乱宫闱的事情非常敏感，从明文法规上就禁止他们过从甚密，对于"结对食"（假夫妻）这样的事情更是严之又严。

这些明文法条表明的是宫廷对此的官方态度，对大多数人起到震慑作用，但有时候在执行方面，其实并不一定那么严格。比如康熙四十四年皇帝的上谕明确规定，不许太监宫女之间"叔伯姊妹"地相互称呼，禁止他们以认亲戚的方式有过多的私人往来。但在《宫女谈往录》里，老宫女荣儿却口述说她与太监认亲的事，由于老太监梳头刘对她常有照顾，出于尊敬与感激，她常在梳头刘经过的地方，给他请个跪安，并叫他一声"干爸爸"。当然，此时已至清朝灭亡的前夜，很多规矩已经名存实亡了，太监与宫女之间相互认亲或许已经不再被严管。老宫女在诉说这段极富温情的过往时还掉下了眼泪，透过她的话语，特别能感受到一个年纪轻轻的女孩，在极为肃穆与压抑的深宫里，多么需要他人给予的情感慰藉。越是冷酷的地方，就越需要人与人之间的情感交流，这是任何时代都不可避免的，所以即便是在宫规最严的时期，这种人与人之间的交流或许也是存在的，但在法规的严控之下，他们可能只是表达得更加含蓄。

在个别宫廷档案的记载中，可以发现对太监与宫女"结对食"的处罚，也许并没有官方宣示的那么残酷。乾隆十六年九月初五夜，宁寿宫太妃洛贵人位下的一名宫女，翻墙来到外院，至太监赵国宝的住所，持利刃自刎了。皇帝闻报大惊，是什么严重的事件，能让一名十几岁的宫女，黉夜之间翻墙跑到太监的屋里自尽？下令把太监赵国宝用九条铁索绑拿关押，并让内务府慎刑司严加审问。经审理，赵国宝供认他是直隶省东安县人，年三十六，原来跟本宫宫女五妞"相好"，并让五妞替他做一些生活上的杂务，后来因为口角，二人反目。到本年八月的时候，由于赵国宝跟主子洛贵人顶嘴，五妞就顺势跟洛贵人讲了一些赵国宝的坏话，说赵国宝平日私下里曾骂过洛贵人。赵国宝气不过，就开始说五妞平时当差不上心，而且诬告五妞偷洛贵人东西，并有诅咒他人之事。听到诬告，五妞就急了，在夜里趁着赵国宝去巡更不在屋的时候，翻墙跑到了赵国宝的值房，抹脖子自杀了。按太监赵国宝的揣测，五妞因被诬告，气愤不过，便以死来坑陷他。如果一个宫女死在了太监屋里，无论是自杀还是他杀，一定都是巨大的罪责。慎刑司又几经审讯，并动用了掌嘴的刑罚，但赵国宝的供词基本未动。

好在刎颈自尽的宫女五妞被救活了，慎刑司也对她进行了审问。经五妞招供，原来太监赵国宝在宫中向来跋扈。早年便有宫女巴彦珠为他洗衣服，后来年满出宫了，便叫五妞来做这些事，他们并不是什么"相好"，五妞稍有不是，赵国宝张嘴就骂，还用打小报告的方式对五妞进行威胁。原来有个叫七格的宫女随意用了宫里的白蜡，便被赵国宝告发了，打了80板子，并被逐出宫。五妞正是因为赵国宝诬告，怕贼咬一口入骨三分，洗脱不清，也被送出宫去，便一时想不开，于深夜去赵国宝的住所自尽了。通过宫女五妞的供状，案件终于清楚了，慎刑司为此二人议罪。太监赵国宝凌虐宫女，又搬弄是非，致使宫女负屈自尽，被发往东北打牲乌拉充当苦差。宫女五妞虽负冤屈，但黉夜间在深宫内翻墙，并以利器自尽，前往锦州与壮丁为妻。最后由庄亲王允禄、大学士傅恒等重臣商议，赵国宝发与黑龙江与披甲人为奴，五妞给老病宫女当使唤女子，并且永在宫内效力。

从赵国宝的供词来看，他是想把本案引到因感情产生的纠纷，未动刑罚，便说出了与宫女五妞"相好"之事，而对于平日里欺凌宫女的事情，即便被掌了嘴，也不肯交待。可见清宫对宫女太监之间"结对食"的管理虽严，但并不会受到最重的责罚，否则他就没有隐瞒凌虐宫女的必要了。不过，档案记述中的"相好"一词，存在一些争议，有人认为所谓"相好"在当时可能是指二人之间的关系好，并非男女之情。不过，此事即便并不存在争议，但依旧只是个案，关于这个问题，尚不明确，还需要学者们进一步研究。

抛开"结对食"的问题不谈，这个案件中反映出的一些太监和宫女相处的信息也是很值得思考的。比如上文曾提到，从一些清宫制度来看，宫女的待遇比太监要高，比如太监遇宫女须先行礼让；在处罚上，同样的问题，宫女则要比太监受到的惩罚轻得多，毕竟宫女也是旗人，地位是不同的。但从赵国宝案来看，他长期欺凌宫女而未受惩处，可见这种霸凌事件是并未被杜绝的。究其原因，我想更多的是由于年长的太监在宫中已经见多识广了，相比年幼的宫女，他们则成熟得多，都是"老油条"了，知道怎么利用她们的软弱，并有专门对付宫女的门道。制度虽然严格，但也都是由人去执行，就比如太监与宫女在实际生活中的相处之道，从这个案件来看，还并非制度上写的那么简单。

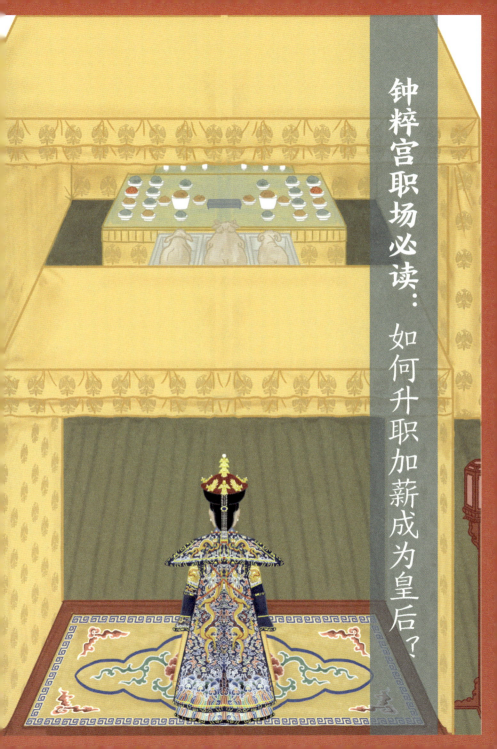

钟粹宫职场必读：如何升职加薪成为皇后？

都是皇后，大有不同

钟粹宫是紫禁城里东六宫中一座重要的宫殿。说它重要，主要是由于自道光朝开始，这里便成为皇后比较固定的寝宫，道光的孝全成皇后、孝静成皇后，咸丰的孝贞显皇后，同治的孝哲毅皇后*，光绪的孝定景皇后都居住于此，钟粹宫几乎成为晚清皇后的专属宫殿。

满人早期实行多妻

钟粹宫

制，侧福晋其实就是多妻制的一种遗存，入关以后，皇后制度才得以彻底规范。从史籍的记载来看，清代定鼎中原后，算上"小朝廷"时期的皇后婉容，共有皇后25名。但从实际情况来看，皇后又可以分为几类，简单来说，一种是生前册封的，一种是死后追封的，不过这当中又有许多区别。首先，生前被册封的皇后有三种：一是皇帝正式聘娶的皇后，即所谓"由大清门入者"，如康熙帝的孝诚仁皇后、同治帝的孝哲毅皇后；二是由于皇子继位为皇帝，原皇子福晋被册封为皇后，如雍正帝的孝敬宪皇后、乾隆帝的孝贤纯皇后；三是由后妃晋封为皇后，如嘉庆帝的孝和睿皇后、咸丰帝的孝贞显皇后。其次，死后被追封的皇后有两种：一是由于皇子继位为皇帝，原皇子福晋虽故去，依旧被追封为皇后，如道光帝的孝穆成皇后、咸丰帝的孝德显皇后；二是生前为皇帝嫔妃，去世后被追封的皇后，如顺治的孝献章皇后、乾隆的孝仪纯皇后。

当然，民间普遍意义上的皇后一般是指皇帝在位时的正妻，或是直接迎娶的，或是由后妃晋升为皇后的，这样的皇后似乎更具典型性，也更符合皇家选后的标准。皇帝对于后宫人员的选择，不会受太多的约束，只要他喜欢，便可立为妃嫔，即便有"旗民不通婚"的祖制，后妃中也时有民间女子，只是操作得比较秘密。但对于皇后的人选，清宫是比较慎重的。母仪天下之人，必须有能与皇家相对匹配的家世，而这种皇后出身家世的标准，在清代200多年间也有一定的变化。

什么样的人家能与皇室联姻？

清初，爱新觉罗家族的力量相对薄弱，需要其他力量来壮大自己，联姻便是一种最好的方式。在努尔哈赤创业初时，建州女真的势力尚小，他的妻子大多为满洲其他部落国主或族长的女儿，如皇太极的母亲孝慈高皇后、睿亲王多尔衮的母亲孝烈高皇后。

皇太极时，满洲已经基本统一，为了谋求更大的发展，开始与蒙古王公联姻，他的后宫中有三位福晋来源于科尔沁部博尔济吉特氏家族。这种满蒙联姻的方式一直延续到了顺治帝，他先后迎娶的两位皇后也均出于该家族。不过，到了康熙时，天下已定，联姻的方式开始出现了变化。

满蒙联姻的方针虽然并未改变，且一直保持到清末，但此时清廷的力量已经极为强大，满蒙联姻的价值已经渐渐出离了核心位置，从康熙开始，便不再通过这种方式选择皇后了。与此同时，随着皇权的日益强大，在满洲早期皇室婚姻中显得格外重要的部落国主、族长的身份，也渐渐丧失影响力，取而代之的是皇后家族的官阶品级与爵位高低。康熙在迎娶孝诚仁皇后的时候，率先打破了这种传统。孝诚仁皇后赫舍里氏，即四大辅政大臣之首索尼的孙女，这门亲事遭到了鳌拜和苏克萨哈的强烈反对，其反对的主要原因正是赫舍里家族早年只是普通部民，按满洲旧俗，她没有资格配与大汗为嫡福晋。后来在昭圣太皇太后（孝庄文皇后）的安抚下，鳌拜与苏克萨哈方才作罢，但自此之后，旧时代部落国主、族长的身份便不作为选后时的核心标准了。

自康熙起，皇后的人选大部分出身于八旗世家。所谓世家，指的是在清政权下有几代人出任过一、二品高官的家族，其中还有很多家族，因军功或与皇帝的特殊关系，获得过世袭爵位或世袭职务。到康熙时期，世家的一个更为显著的特点就越发凸显，这就是婚姻圈。在帝制时代，显贵家族之间的联姻是非常普遍的现象，是统治集团内部结构组合的重要方式，所以在清代，某一代人的官职品级并不是判断一个家族显赫与否的重要标准，而是主要看他们家姻亲的门第。清代世家经常会出现这样的现象，世家家族里的某一代人，没立过战功，没考上过科举，只通过荫封或捐纳入仕，终生的官职都不高，或干脆就是白身，但他的姑父、姨夫都是朝中的巨僚，在这些亲戚的帮衬下，他的下一代在某一方面稍微有点出息，就有可能最终做到一、二品的大员。民间常说的所谓"满洲八大姓""满洲八大家"指的便是这样的八旗世家。当代一些喜好攀附的人，总愿意说自己家的老姓是叶赫那拉氏、瓜尔佳氏，就是满洲八大姓之一，其实"八大姓""八大家"是某姓氏里的某一世家家族的概念，只有那个家族的后裔，才能算"八大姓"之一。

从康熙为自己的皇子们挑选嫡福晋的状况来看，皇家与八旗世家之间的联姻最为普遍，也偶有满蒙联姻或与高官联姻，但均属于比较个别的现象。自此，皇后和皇子嫡福晋的人选，基本出身于八旗世家，而且随着时间的推移，这种风气越来越盛。晚清时皇后的娘家，仅有世家的身份可能还不够，往往还要与爱新觉罗家族（宗室王公或觉罗）有过几代的联姻，才有资格。比如嘉庆为道光挑选的两位皇后，即孝穆成皇后和孝慎成皇后。孝穆成皇后钮祜禄氏，是清初重臣弘毅公之后，她与康熙的孝昭仁皇后、温僖贵妃，乾隆的顺妃、诚嫔，嘉庆的孝和睿皇后，均为同族。其实乾隆的生母，也就是雍正的孝圣宪皇后也是这一族，不过他们家并不在这一支脉下。孝慎成皇后佟佳氏，与顺治的孝康章皇后、康熙的孝懿仁皇后均为同族，是康熙的二舅佟国纲的四世孙

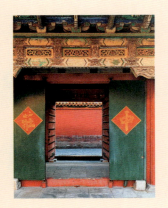

钟粹宫垂花门

女。由于道光是嘉庆的嫡长子，在诸皇子中也最为能干，嘉庆对他一直按皇储的方式培养，为他挑选的嫡福晋其实就是日后的预备皇后，钮祜禄氏和佟佳氏的家族情况，在清代选后的标准方面，很具有代表性。

近年来，由于一些清宫剧的渲染，在坊间的认知中，仿佛嫡庶的出身是一个特别大的问题。按那些清宫剧的逻辑，貌似嫡出的人有高贵的身份，而庶

出的人则完全无法享受父族带来的一切待遇，这种嫡庶之分也影响了宫廷选后。所谓嫡出、庶出，源自中国古代的宗法制，实际上是一种爵位继承方面的排序法则，规定了妻生子与妾生子的尊卑秩序，但其实在中国历史上，这种嫡庶之间的差别从未达到某些清宫剧那样的夸张程度。清早期，满人对嫡庶的身份还是比较看重的，比如努尔哈赤的庶子都没有什么参政权。但那个时候其实是多妻多妾制，像皇太极的"崇德五宫"，即一后四妃，她们之间的地位并不像一般妻妾的区别那样大，所以他们那个时候说的嫡子跟入关后的嫡子其实不是一个概念。入主中原后，满人很快改成了一妻多妾制，但嫡庶之间的尊卑反而越来越淡了，尤其是那些不会涉及爵位继承的女性。越至晚清，嫡庶之间就越没有什么差距。著名的孝贞显皇后（后来的慈安太后），就是妾生的庶女，但这一点也不妨碍她成为皇后。她在咸丰二年参加选秀，即被皇帝当作重点培养对象，很快由嫔晋为皇后。咸丰选后主要考察她的世家身份以及入宫后的表现，明显对于嫡庶问题是没有走心的。可见，就清代中晚期的宫廷来说，嫡庶并不影响后妃的晋升。

不过，影视剧里过分强调嫡庶问题，也并非空穴来风，很可能是来源于韩国的历史剧。在历史上，李氏朝鲜确实对于嫡庶有极其鲜明的分野。他们一直特别尊崇宋代理学，但在中国的明代中期，王阳明创立了"心学"，提出人应该在一定程度上享受"七情之乐"，宋代理学提倡"存天理灭人欲"，那么王阳明则认为应对这种思维进行一些解放。解放思想，让人活得更世俗一点，多好的事啊，但李氏朝鲜的大儒们不但不接受，还极力反对，甚至反其道而行之，提出了更压抑人性的学说，并从思想外化到生活。嫡庶之间的差距达到天壤之别就是这个时候出现的，其实这跟同时代中国的情况正好相反。所以，清宫剧里出现这种嫡庶的逻辑，只能说是穿越到了那个时代的朝鲜。

皇后的日常：主持人与好媳妇的身份切换

一般来说，皇后的职责就是保持一个贤良淑德的传统女性形象，比如出席并主持一些礼仪性活动及侍奉太后、皇帝等。礼仪性活动是皇后职责中的重中之重。汉代的萧何曾说"非壮丽无以重威"，自古以来，宫廷的礼仪就格外突出其宏大和繁复，母仪天下的皇后是宫廷极为重要的一员，自然要频繁地参加各种礼仪性活动，以彰显宫廷的稳定和国家的安宁。所以大量清宫的庆典活动，皇后都要参加。后宫众嫔妃、宗室福晋、高官命妇，即所有参与典礼的女性，都要在皇后的带领下完成各项礼仪事务。再如皇子、公主的婚礼，嫔妃们也都要在皇后的率领下接受朝贺和礼拜。简言之，清宫中有女性参加的活动，她们都要唯皇后马首是瞻，太后虽位在皇后之上，但她属于"已经退休的前领导人"，只是享受礼仪过程，具体事务均由皇后操办。

除了一些需要女性参与的庆典，清宫中还有很多只有女性参加的典仪，均要由皇后亲自主持，如坤宁宫的日常萨满祭祀，再如每年春季的亲蚕礼、躬桑礼，其中最为著名的当属亲蚕礼。所谓亲蚕，即取男耕女织之意，凸显女性在农耕文明中的责任，皇后要充任主祭。祀仪的前两日，皇后就要率领后宫众妃进行斋戒。到了祭祀当日，皇后带领后宫及王公福晋和高官家中的命妇出顺贞门至先蚕坛（今北海幼儿园），在众人的陪护之下，完成进香、行礼、饮福酒、送神等一系列活动。礼成后，再由皇后率领众人更衣回宫。

侍奉太后是皇后在礼仪活动外的另一项重要任务。清代以孝治天下，皇后就如一个旧式家庭里的儿媳妇，丈夫每天在外忙碌，陪伴、伺候高堂老母的任务自然就要由皇后来主理。平常的时候，皇后每天都要带领嫔妃们向太后请安，所谓晨昏定省，起码是一日两次。太后日常的休闲，比如听戏、聊天，皇后是首席陪伴人。如乾隆时，崇庆太后每到圆明园游览，都会住在孝贤皇后的长春仙馆，皇后一定要做出侍母最孝的表率。从晚清的一些文献来看，每月的初一、十五，皇帝和皇后还要向太后侍膳。所谓侍膳，就是两个人要站立着伺候太后吃饭。《宫女谈往录》里记录过一段大年初一时，光绪帝和孝定皇后侍膳慈禧太后的场景：

> 皇帝、皇后侍膳，一个在东、一个在西。……皇帝执壶，皇后把盏，双双给老太后祝福。……老太后非常迷信，皇帝也很知趣，先布吉祥菜，祝福老太后万寿无疆，祝老太后吉祥如意。皇帝布一道菜，皇后念一道菜名，像念喜歌的一样，配合得很好。

皇后主持代表女性职责的祭祀，以女主人的身份参加庆典，以示贤德，侍奉太后，以表孝心，可以看出，皇后最重要的职责其实就是给天下的女性起到一个模范带头作用。在日常的宫廷生活里，皇后还有很多要彰显妇德的琐事，比如她们要为皇帝缝制荷包一类的随身物品。《内务府造办处档案》里就常有皇帝让皇后制作小物的记载，其中最有名的就是孝贤皇后为乾隆帝制作的极具满洲旧时风格的鹿羔皮荷包，现藏于台北故宫博物院，既显示了皇后的贤惠，又昭示了节俭之风。其实皇上的衣食住行都有专人伺候，并不像普通人家，需要媳妇（皇后）亲自动手，这样做不过是一种姿态，清宫就是希望以

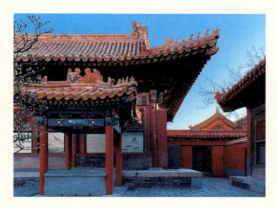

钟粹宫后院

"天下第一家庭"的每一处生活细节，为世人做出表率。

与嫡庶之分一样，一些清宫戏将皇后的职权也进行了过分的夸大。《国朝宫史》记载"皇后居中宫，主内治"，也就是说皇后为后宫之主，掌管内廷事务，但清代皇后所掌管事务的范围，并没有民间想象的那样广，或者说，皇后手里的职权，远不如老百姓想象的那么大。不少清宫剧里总有皇后（甚至是高位分的后妃）责罚其他后妃的桥段，动辄便下令罚跪，甚至命人责打，其实这在历史中都是不存在的。在清宫，后妃只有稽查参奏的权力，而没有处置权，也就是说她们可以查验别人的违法、违规行为，但只能打小报告，等皇帝来处理，即便皇后也如是。

根据道光十五年一份档案的记载："朕因刘宫（官）女子一事，甚怪皇后奏迟，昨晚当面将皇后申饬，宫中事务岂容片刻耽延。"刘宫女子原系曼常在，因犯宫规获罪，被道光帝降为宫女子，具体什么案由，现在尚不可考。从这份档案的记载来看，常在几近妃嫔位分的边缘，即便犯了宫规，皇后依然只有参奏之权，汇报晚了，还会受到皇帝的批评。而这位皇后也不是一般人，正是道光朝最受宠爱的孝全成皇后。这位孝全成皇后出于什么考虑，没有向道光帝及时汇报，目前还不能明确，但起码可以看出，即便是集万千宠爱于一身的皇后，也不能对其他嫔妃直接处置。

皇后不仅无权处置后妃，甚至她连很多宫女、太监也不能自行处理。《国朝宫史》记载："非本宫首领、太监、女子不可擅行使令。"也就是说，宫女、太监们只听命于自己的主子，外人无权调遣。别说处罚，在征得本宫主位同意之前，即便贵为皇后，连其他妃嫔的宫女、太监都支使不动，这可能就更让人大跌眼镜了。所以，在清宫里，只有一个人拥有处置权，就是皇帝，也就是历史书里写的"权力高度集中"。

清宫女性收入报告：后妃生活真的很优越吗？

后宫女人之间的差距有多大?

　　皇后乃至后妃们的生活待遇是非常优越的，衣食住行的每一项都有极为丰厚的物质支持，并由官方形成制度保障。清宫是个格外凸显等级的地方，后宫位分依次为皇后、皇贵妃、贵妃、妃、嫔、贵人、常在、答应。其中，嫔及以上都有固定的名额，即皇后1名、皇贵妃1名、贵妃2名、妃4名、嫔6名，贵人、常在、答应无定额，一般不可超额。每一个位分自然也都会有相对应的各项待遇标

窗外的宫门

准，以皇后的标准为最高，以答应的标准为最低，不可逾越，清宫称之为宫廷份例。

比如，皇后每年穿衣所用衣料共 30 类，分别为蟒缎二匹、补缎二匹、织金二匹、妆缎二匹、倭缎四匹、闪缎二匹、金字缎二匹、云缎七匹、衣素缎四匹、蓝素缎二匹、帽缎二匹、杨缎六匹、宫绸二匹、潞绸四匹、纱八匹、里纱八匹、绫八匹、纺丝八匹、杭细八匹、绵绸八匹、高丽布十匹、三线布五匹、毛青布四十匹、粗布五匹、金线二十绺、绒十斤、棉线六斤、木棉四十斤、里貂皮四十、乌拉貂皮五十。皇后的份例种类最丰富、数量最多，自皇贵妃以下标准依次递减。到了答应这一级，则只有 10 类，分别是云缎一匹、衣素缎一匹、蓝素缎一匹、彭缎一匹、宫绸一匹、潞绸一匹、纱一匹、绫一匹、纺丝一匹、木棉三斤。对比之下，各位分之间的差距还是非常大的。

为了比较清晰地展现各位分之间的差距，我根据《国朝宫史》的记载，就一些比较有代表性的门类编辑了一张表格，如下。

后宫份例简表

位分	宫女	年俸（每年）	器皿（最高可用）	瓷色（最高可用）	灯烛（每日）	皮毛
皇后	10	银 1000 两	玉、金	黄	白蜡 5 支、黄蜡 4 支、羊油蜡 10 支、羊油更蜡 1 支	里貂皮 40、乌拉貂皮 50
皇贵妃	8	银 800 两	银	白里黄	原文未载	里貂皮 30、乌拉貂皮 40
贵妃	8	银 600 两	银	黄地绿龙	白蜡 2 支、黄蜡 2 支、羊油蜡 5 支	里貂皮 20、乌拉貂皮 30
妃	6	银 300 两	银	黄地绿龙	白蜡 2 支、黄蜡 2 支、羊油蜡 2 支	里貂皮 10、乌拉貂皮 20

位分	宫女	年俸 （每年）	器皿 （最高可用）	瓷色 （最高可用）	灯烛 （每日）	皮毛
嫔	6	银200两	银	蓝地黄龙	白蜡2支、黄蜡2支、羊油蜡2支	里貂皮4、乌拉貂皮20
贵人	4	银100两	铜	绿地紫龙	白蜡1支、黄蜡1支、羊油蜡3支	里貂皮4、乌拉貂皮10
常在	3	银50两	铜	五彩红龙	黄蜡2支、羊油蜡1支	无
答应	2	银30两	铜	无特殊瓷色	黄蜡1支、羊油蜡1支	无

这个表只是对后宫份例进行了简要的分析，如表中所列的各类器皿，指的是房屋中家具以外的各类摆设用具。皇后的等级最高，涉及的种类最多，数量也最多，按贵重程度排序，依次有玉、金、银、铜、锡、铁、瓷、漆。其他妃嫔根据这个标准，依照位分的高低再不断简化，表中只显示了她们可使用的最贵重的器物质地。

再如，表中所列的瓷色，指的是后妃们生活上所用瓷器的颜色和纹样。在中国传统社会，不少颜色和纹样并不是什么人都能用的，而是参照等级身份，有严格的标准划分。这就类似清代大臣官服上的补子和官帽上的顶珠，文官一品补子上绣仙鹤，二品绣锦鸡；武官一品补子上绣麒麟，二品绣狮子；一品官帽顶珠用红宝石，二品用红珊瑚，三品用蓝宝石，四品用青金石。从各种生活用具上，一眼就可以分辨出人的等级地位，所以后妃们的瓷器也是如此。大家都知道，在清代只有皇帝才能用明黄色，因此也只有皇后能以正妻的身份使用黄色，皇贵妃作为副后，则只能用白里黄。自贵妃以下，所用的瓷器纹样最高只能配以龙纹，但还要依照各自身份，划分出颜色背景和龙的颜色，到了答应这一级，连龙纹也不配使用了。

从后宫份例的内容我们可以看到，后宫 8 个位分之间的待遇存在不小的差距。现代人可能对吃穿这样的事情已经不太敏感了，对颜色、纹样的特权更没多少概念，我们不妨以清宫里的室内灯烛照明进行对比，感受一下这种生活待遇上的区别。皇后的份例里有戳灯 20、香几灯 10、羊角手把灯 4、铜瓦高灯 4、铜遮灯 1、铜蜡扦 14、铁座更灯 4，共 57 盏；每天可用的蜡烛有白蜡 5 支、黄蜡 4 支、羊油蜡 10 支、羊油更蜡 1 支，共 20 支。到答应这一级，只有铜蜡扦 1、羊角手把灯 1，共 2 盏；每天可用的蜡烛共 2 支。这两支蜡还不能同时点，用完了可就没了，半夜的时候想起个夜，就只能摸黑了。当然这只是从数量上对比了一下差距，我们不妨更具象脑补一下，在清宫的夜晚，皇后在 10 名宫女的簇拥下，坐在灯火通明、照如白昼的厅堂里，而位分卑微的答应只守着一盏孤灯，对着两名宫女，大眼瞪小眼。对比之下，答应实在是惨了点，想要屋子里灯火通明，就得"打怪升级"。也无怪乎一些剧组喜欢拍一些类似不惜一切代价也要勾心斗角的宫斗剧，级别之间的待遇差距着实太大了。清宫女子为了生活，也是拼了。

一个扎心的残酷真相

虽然皇后、贵妃们在宫里享受着超豪华的生活待遇，其实她们也都面临一个无情的事实：无论生活中她们拥有多少缎匹、多少器皿，甚至是俸银，她们对这些东西都是没有实质物权的。所谓实质物权，指的是什么呢？这一点乾隆在《钦定宫中现行则例》里表述得非常明确：

> 诸太妃所有一切，俱系圣祖皇帝所赐，诸母妃所有亦是
> 世宗皇帝所赐，即今皇后所有，是朕所赐，各守分例，樽节

用度，不可将宫中所有移给本家，其家中之物，亦不许向内传送，致涉小气，嗣后本家除来往请安问好之外，一概不许妄行。

乾隆这段话大致的意思是说，我奶奶们的一切，都是我爷爷给的，我母亲们的一切，都是我父亲给的，我嫡庶妻子们的一切，都是我给的，所以你们对所有物质上的东西，都只有使用权，没有所有权，这些东西只有一个主人，那就是我本人。娘家的东西不许送进来，宫里的东西也不许送出去。举个简单的例子，后妃们在宫里都只能凭份例过生活，如果某位皇后在宫里的份例非常丰厚，但她的娘家生活上需要用钱，皇后想接济一下，这是不可以的。再如某位答应在宫里生活待遇低，远没有在家里过得好，娘家有钱想补贴一下女儿，也是枉然。

道光二十四年的时候，彤贵妃就因为犯了物权方面的错误，被皇帝直接降为贵人。道光得知太监李得喜的大量财物是来自彤贵妃的赏赐后，极为震怒，命内务府大臣将李得喜送刑部严加审讯，并说彤贵妃"实属大负朕恩，有玷贵妃之位，着革去贵妃，降为彤贵人，其金册、宝印，即行交出"。贵妃与贵人，虽一字之差，却是千里之遥。虽说后妃给太监一些赏赐，其实属于一些小小不言的问题，这个事道光做得也比较过分，但赏赐过多，其实是触碰了宫中物权的底线，也招致了皇帝如此无情的处置。

彤贵妃事件还不是极致，清宫对于物权问题，其实还有更扎心的举措。我们现在去故宫游览，很少能看到哪件文物明确标明是哪个后妃用过的，这跟清宫物权也有一定的关联。因为后妃对于所有物品都没有所有权，所以在她们去世后，如果没有皇帝的特批，她们的遗物都是被循环再利用的，尤其是她们原有的那些首饰一类的物品，或是被转赠他人，或是被直接熔化，以后再做他用。在清宫，今年头上钗，明年就可能变成他人手上镯，这是再正常不过的了。孝仪纯皇后（令妃）应该算是乾隆的宠妃了，她在乾隆四十年正月二十九日薨逝，同年十月十三日的《内务府奏销档》即显示，皇帝已经批准将册封她为令贵妃时赐予她的金册熔化，以后另行他用。看了这些清宫的档案记载，也着实深切地体会到，钱财实在是身外之物。

基化门的逆袭：小地方迎来大女主

一座告诉你位置也找不到的门

基化门是紫禁城里一扇极为普通的门，位于坤宁宫殿后东侧，间隔了"后三宫"（乾清宫、交泰殿、坤宁宫）与东一长街，位置不起眼，规格也不高，形制更没什么特别，很少引起人们的注意。可没承想，在翻阅清代宫廷档案的时候，我却意外地发现，基化门竟然是个后宫的居所，而且住的不是普通的太监、宫女，而是位分不低的嫔妃。

咸丰六年、八年、九年，基化门分别交出了三名宫女，或是因笨，或是因病，由内务府安排她们出宫。一般这种宫女出宫的档案，要写明她们所属的某宫和某嫔妃，但档案上显示，这三名宫女原来均在玫嫔（咸丰六年、

基化门匾额

原基化门内小院，今改称"坤宁东院"

八年时为贵人，咸丰九年时为嫔）位下，也就是说玟嫔是以基化门为寝宫的。这就令人费解了！在我们的常识范围里，门只是房子的一个部件，这怎么住人呢？即便说的是门道，也不是一个正常人可住的地方，莫非这位玟嫔身体异常，只能住在绝对通风的地方吗？

为了搞清这个问题，我也曾到故宫博物院进行实地考察，内三宫与外界之间并非简单地以墙相隔，而是建成排房，基化门以门道的形式隔在排房中间，而门道两侧的房间是可以住人的。不过，《清宫述闻》给予的文献线索显示，基化门两侧西向的排房大致是太医的夜间急诊值班室，而从制度上看，清宫显然是不会把这样简陋的值班室分配给后妃常住的。这个问题一度被搁置了很久，直到近期我在翻阅档案时，不经意间发现了答案。

道光二十四年，七阿哥因出喜痘，在基化门挂彩。出喜痘，也就是天花，出天花挂彩，其实就是一种冲喜，而挂彩的位置是"基化门内北围房"。原来，所谓基化门指的是基化门内，也就是基化门一侧的后三宫院内，而非基化门本身。它这一侧北边有五间被宫墙围起来的排房，形成了一个小院子，在坤宁门的东侧，就是所谓的"基化门"了。现在这里已经被改造成一个供游人喝咖啡、吃简餐的小餐厅了，院子里还摆了几个茶座，围墙的东、西两端各开了一个角门，人们基本上由此出入。

　　众所周知，道光的七阿哥其实就是后来醇亲王奕𫍽，光绪皇帝的生父、宣统皇帝的祖父，生于道光二十年九月。他出天花的时候还不足四岁。清代中后期，皇子公主大多与生母一同居住，不过奕𫍽患的是传染病，基本上要与母亲隔离生活，所以其母庄顺皇贵妃应该没住过基化门，此时的基化门应该是一个用于隔离的暂时性居所。无独有偶，在另一则档案中，我还发现嘉庆时有两位宗室格格同住在端则门，这端则门和基化门相对称，是后三宫的西侧门。那么这两位格格住的所谓"端则门"，应该就是与基化门院落对称的、由宫墙围住的五间排房。所谓宗室格格，也就是说她们并非皇帝之女，是由宫外接入宫内暂住或生活的，相

原基化门院内

较于道光时七阿哥的暂时居所，基化门的规格也就比较符合她们的身份。

现在我们已经很清楚，基化门其实是个小院，但长春宫、景仁宫这样的东西十二宫的宫殿才是我们印象里嫔妃的居所，而且紫禁城里的房屋有9000多间，基化门、端则门这样的小院子，目测带院子也就100多平方米，一位因传染病被隔离的皇子，两位从宫外接来住的宗室格格，从规格上看，住基化门倒没什么可说的，但一位后宫主位怎么也住基化门了呢？这就有点不合规矩了，我们不妨从玫嫔的生平来找一找线索。

玫嫔，徐佳氏，正黄旗包衣出身，以宫女身份入宫，后被文宗看中，咸丰三年封常在，后晋为贵人，但在咸丰五年，因凌虐宫女被降为常在，后又因与太监说笑，直接被降为宫女（只是等级为宫女，依旧是主位身份）。根据档案，咸丰五年时她住在永和宫，咸丰六年时搬入基化门。那么由于皇帝对她的惩处，罚她在基化门居住，似乎是一种比较合理的解释。

但徐佳氏并没有因此一蹶不振，在被严惩后，她又很快夺回皇帝的恩宠，当年便又被提升回贵人的位分。之后，徐佳氏的后妃生涯也处于平稳期，而且咸丰八年二月，徐佳氏还为皇帝诞下一名皇子，只是这名皇子出生后马上就夭折了，非常可惜，但她在同年依然因此被册封为嫔。

徐佳氏在咸丰五年是因罪被罚入基化门，但咸丰八年她在基化门生下阿哥，同年在此被册封为嫔。而且在"挂彩档案"中，同在咸丰十年行册封典礼的时候，玫嫔所住的基化门和祺嫔所住的承乾宫，都挂彩以示庆贺。从这些举动来看，基化门这个地方似乎与处罚毫无关系，那么这个小院子是怎么成为后妃的常住宫殿的呢？我们不妨从咸丰时期的后妃居住条件做进一步的分析。

大女主缘何蜗居小地方？

紫禁城里的后三宫和以此为中轴对称的东西十二宫，是禁宫以内的核心区。从制度上说，这些宫殿是分给当朝皇帝的后妃居住的。从实际情况看，东西十二宫随着时代发展也在不断减员。康熙时，皇帝将景阳宫用以存书，不再供后妃居住；乾隆时，为了悼念去世的孝贤皇后，把她居住的长春宫列为专门的纪念馆，直到同治元年，两位皇太后共居此宫，其间的 100 年，长春宫是无人居住的；嘉庆初年，乾隆去世的时候，嘉庆在咸福宫为其苫次（服丧），从此以后在这里住过的后妃就不多了；咸丰时，皇帝干脆把咸福宫划给了自己，之后就再无妃嫔居住；道光时，永寿宫成为公务场所，从此再无后妃居住；道光二十五年，延禧宫被大火全部烧毁，直到宣统时才开始复建；咸丰九年，皇帝将启祥宫与长春宫打通，成为一个四进的院落。如此，咸丰朝，东西十二宫中能够分配给后妃的宫殿，只剩一半。

通过对咸丰后妃一些档案的梳理，可以看到，皇后一直住在钟粹宫；懿贵妃自入宫便一直住在储秀宫，与她同住的还有伊贵人、璷贵人、庆贵人、玉贵人。丽嫔、鑫常在住永和宫，玫嫔在咸丰五年时也在此住过。云嫔、祺嫔、春贵人、吉贵人住承乾宫，鑫常在和玫嫔也曾以此为寝宫。婉嫔、璹贵人住景仁宫，瑃常在住翊坤宫。从目前已知的咸丰后妃来看，尚有禧贵人和容贵人的寝宫未被发现。

从上述居住状况来看，清宫里的后妃经常是几个人住在一个宫的，她们又是怎么住的呢？一般来说，各宫都是两进的院子，坐北朝南的正房有两座，外院那座挂有某某宫匾额的正殿主要用于礼仪性活动和小憩，主要以后殿为卧室，一般是这种"前殿后寝"的形制。后妃数量少的时候，可以一个主位独占一宫，人多的话，可以将后殿的东西次间、梢间分与两位后妃，同时院子里的东西厢房也可以分配给某个或某几位嫔妃。比如咸丰九年的时候，懿贵妃与璷贵人、玉贵人、庆贵人四人同住储秀宫，大概就是如此分配的。

这几年，一些清宫剧在演绎几位后妃同住一宫的情景时，往往会表现出妃嫔间的上下级关系。清宫剧里经常安排某位嫔以上的后妃做一个宫的主位，也就是一宫之主，在这个宫里再加入一个贵人以下位分的后妃为次位，次位从属于主位。这乍一看还很有道理，毕竟嫔以上的后妃都是有固定人数的，晋升的时候还有册封礼，身份比较高。《国朝宫史》里说她们是"分居东西十二宫，佐内治"。而贵人及以下后妃的位分是从清初"庶妃"发展而来的，既无定数，也无封号，身份自然就显得低了。《国朝宫史》说贵人及以下是"随居东西十二宫，勤修内治"。她们同住在一个宫，尊卑是从制度上规定了的，貌似也应该有从属的关系。可实际情况往往不是这样，比如道光朝的和妃、恬嫔同住延禧宫，咸丰朝的丽贵人与鑫常在同住，而同治初年，慈安、慈禧两位太后同住长春宫，那谁当一宫之主呢？谁又从属于谁呢？其实，虽然每个宫都会以位分高的后妃为首领主位，但并不是上下级关系，比如首领主位对其他人有一些监督作用，以及一些日常生活上的物品分配问题，比如贵人的嫔妃份例里没有明确分配奶牛，她们的日常用奶往往会从首领主位的份例里分，但不存在谁服从谁的事。在清宫，位分的高低有点类似职称，比如同一个教研室里的老师有教授、副教授和讲师，他们之间有资历、待遇上的差距，职称低的老师对职称高的老师往往更加礼遇，但他们并没有上下级的关系。

说回基化门，它能成为后妃的常住宫殿，与咸丰时期后妃人数的变化有一定关系。玫嫔在咸丰三年时被封为常在，由于之前一年的第一届选秀，当时咸丰的后宫才刚刚充实，但她在咸丰五年时还与丽嫔同住永和宫，可见后宫的房屋已经不那么富裕了，一人独享一宫已不多见。咸丰五年，玫嫔获罪，被降为宫女，这可能也导致了她被罚在基化门居住，当然也不排除这只是一次简单的搬家，毕竟就在同年，她刚刚从承乾宫搬到永和宫。此后，她很快又重获圣心，并一直住在基化门。玫嫔之所以没有搬走，或许有两方面原因。其一，基化门虽小，毕竟是个独门独院，搬回其他宫殿，免不了要与他人同居；其二，随着咸丰后宫的渐渐充实，可住的地方已经越来越少，即便她后来想搬走，也没有特别合适的地方了。上文已经提到，咸丰九年的时候，懿贵妃、璷贵人、玉贵人、庆贵人四名主位共居一宫，而此时大阿哥（后来的同治帝）已经三岁了，这么多人挤在一起，生活环境也并不怎么好。相比之下，基化门倒是个清净的化外之地，而且在后三宫的核心区，这里也就成了玫嫔的常住地。

今天我们游览故宫的时候，不妨就到基化门里坐一坐，品一品当年玫嫔生活的小院子，毕竟在众多后妃的寝宫里，这是唯一能让人坐下来喝杯咖啡的地方了。

深心託豪素

懷抱觀古今

坐班打卡养心殿：翻牌子也要讲仪式感

养心殿绝对是人们游览故宫时会驻足的地方。清代自雍正以后，这里便是皇帝最主要的办公场所，批阅奏折、与大臣召对，即便是清末的垂帘听政，也是在这里进行的，它在政治上的核心地位是不言而喻的。但人们投向养心殿的目光过于集中在政治方面，往往忽略了它还是皇帝的寝宫，人们熟知的大量宫廷生活场景其实都是在这里发生的，比如乾隆皇帝在此欣赏他最珍爱的古董书帖，比如每逢大年初一在这里举行的明窗开笔，再比如皇帝翻牌子的宫闱秘闻。

这个话题早已被人们热议多年，而众多不负责任的清宫戏，又为观众们呈现了各种神奇的侍寝方式，更有很多民间传说，对此也有各种丰富的渲染，还弄得颇有仪式感。其中一个比较有代表性的场景是这样的：皇帝睡前要翻后妃的牌子，命其侍寝，被翻到牌子的妃嫔，在去见皇帝前要一丝不挂，由几名太监用一条大被子裹起来，只露出一个脑袋，然后一直抬到龙床上，静候皇帝的到来。

这种说辞广为流传，相信这样的场景大部分人在文学或影视作品中看到过，而且该说法还会以另一则"吕四娘刺雍正"的民间传说为证据。当年雍正帝兴文字狱，江南名士吕留良被掘坟戮尸，其女吕四娘乔装为秀女，怀揣利刃，借侍寝之机，将皇帝的人头割下，以报一家之仇。此后，宫廷出于对皇帝安全的考虑，便开始了上文提到的类似"卷春饼"的侍寝方式。

对于宫闱秘闻，民间多不加考证，奇葩的艳史则更容易受到欢迎，传播范围也会更广。不过，这种说法并非空穴来风，一些野史杂说确实对侍寝有过类似的描述，如《清宫词》《清宫遗闻》等，其中以《清代野记》的记述最为详细，按该书中"敬事房太监之职务"一条：

> 帝食毕，太监举盘跪帝前，若无所幸则曰去，若有属意，则取牌翻转之，以背向上。太监下，则摘取此牌又交一太监，乃专以驮妃子入帝榻者。届时，帝先卧，被不覆脚。驮妇者脱妃上下衣皆净，以大氅裹之，背至帝榻前，去氅，妃子赤身由被脚逆爬而上，与帝交焉。敬事房总管与驮妇之太监皆立候于窗外。如时过久，则总管必高唱："是时候了。"帝不应，则再唱，如是者三。帝命之入，则妃子从帝脚后拖而出，驮妃者仍以氅裹之，驮而去。

这段记载说的是皇帝每日在晚膳后翻牌子，专门有个太监负责去背后妃，等后妃到了寝宫，还要从皇上的脚下爬进被窝。而敬事房总管和那位背妃嫔的太监还要留下听窗户根，负责提醒皇上不可纵欲过度。待后妃侍寝已毕，还要由那位太监负责把她再背回去。此外，这篇记载里后续还提到了如果皇帝不想让这名妃子怀孕，太监还能通过按摩的土法来避孕，因为太过荒唐，我就不予摘录了。

民国初年，这个路子的"宫廷秘闻"是比较多的，但和以往清人笔记中对宫廷生活的描述相比，其内容水准有很大的差距。

其实，在 1898 年经历了"戊戌政变"后，光绪帝被囚于瀛台，宫廷已经有十多年没出现过后妃侍寝的事情了，大多数宫女太监并没有亲身经历。这类侍寝的说法多是一些宫女太监道听途说来的，这些人本身没有什么文化，也没什么辨别能力，在宫里当差的时代或身份，大都远离帝后生活，这些人平日之间嚼舌头的话佐料，多是捕风捉影、添枝加叶，实质上和那种"三个蛤蟆五个眼"的市井传闻区别不大，但因为是所谓宫里传出来的，就更容易让人采信。加之社会在经历了清末多年的反满革命宣传后，民间更容易接受一些被丑化了的宫廷奇闻，让这样的说法很有市场。

像《清代野记》里这样的记载，是严重违背清代宫廷生活礼法常识的。大家都听说过清宫的规矩极严，所谓规矩的根本就是礼法，即儒家所讲的"君君臣臣，父父子子"，每个人要根据自己的身份位置，严守相对应的行为规范。规矩严苛，指的就是对身份界限有明确的划分，越界则将面临惩罚。后妃也好，皇帝也罢，都是如此，并不是说在后宫皇帝就可以随意践踏他人尊严。一切惩罚都有一定之规，都是依照礼法来行事，否则，"君不君"，则"臣不臣"，这一点在清代后宫当中是非常显著的。这两年一些制作相对精良的清宫剧已经不采用这种很能吸引眼球的镜头了，也从另一个侧面说明了这种谣传的荒唐。

野史中的这路记述，皇帝对后妃"卷春饼"式的侍寝要求，首先就是越礼之处，自降身份，按过去的话说，是"不尊品"。后妃将衣服脱光，用被子裹住全身，从自己的居所被抬到皇帝的养心殿，即便她住的是距离养心殿最近的永寿宫，一路上也形同游街一般，而且嫔妃平日出行都有很多人伺候，就是御花园散步也需要有人陪着，这都有制度安排，深宫的夜晚是绝不会出现这种"猪八戒背媳妇"式的场景，实在不合身份。负责背后妃来侍寝的只有一名太监，不仅要背过来，还要背回去，清宫太监的数量向来都在 3000 人以上，何必只用一人呢，太有悖常理。

　　多年前，朱家溍先生曾在他的《故宫退食录》里对侍寝问题有比较详尽的阐释，至今都是比较权威的研究。按朱氏研究，养心殿是皇帝的寝宫，翻牌子的事，基本上是在养心殿进行。清代皇帝早晚两次进膳都会翻牌子。用早膳前，有太监会呈上一个托盘，内中摆放的都是写有大臣职务和名字的红头牌（王公专用）和绿头牌，皇上通过翻谁的名牌，以决定饭后和谁一起商议相关国事。至晚间，也是一样的程序，皇帝会在晚膳前通过翻牌子决定要不要安排某位后妃侍寝。

　　届时皇后以外的所有妃嫔都会在养心殿后的索春轩、乐春轩或燕喜堂等候，翻了谁的牌子，谁便留下与皇帝共进晚餐，然后点灯说话，吹灯做伴，明儿早上起来梳小辫。其余众人就各自回宫，称"叫散"，朱家溍先生说"等于下班回去了"。这个场景颇似老电影《大红灯笼高高挂》，只不过电影里头的老爷，把皇上的绿头牌换成了大红灯笼而已，大概过去三妻四妾的生活都有类似的形式吧。后宫当中，皇后比较特殊，她是不参加翻牌子的，而且她有自己单独的住处，即养心殿后殿东侧的体顺堂，这大概是为了凸显她嫡妻的尊贵地位。

　　只要是住在紫禁城内，侍寝的事情大多发生在皇帝的居所，皇上很少宿在后妃的宫里，这主要是由于清宫的礼仪规矩太过烦琐。如果皇上去某个妃子的住处，他还没出门呢，就得有太监前去通知安排，后妃还要到宫门以外跪接跪迎，即便是皇后也得到殿外跪迎。我们都知道《红楼梦》里元妃省亲的场面，很早以前全家老小在园外跪接，皇帝去后妃住处虽然没那么大阵仗，但也相当折腾。仅这一点，皇上也会觉得麻烦，就不如"打主场"，还能稍微省点事，而且清代的皇上一年约有2/3的时间会住在圆明园这样的园林里，那里的规格没有紫禁城高，规矩也就没那么多，礼仪便可以简化不少，把"打客场"这种事放在园子里，免了不少麻烦，这何乐而不为呢。

敬事房中人：人在屋中坐，锅从天上来

宦官制度是中国古代的宫廷特色。历史上的太监也是形形色色，清代专门设置敬事房，掌管一切太监事务。敬事房最早由康熙设立，并亲笔题写匾额，位于南书房以东，也就是乾清门以西的围房之内，现在与原南书房、内军机事务处、外奏事处等房屋同为故宫博物院布置的宫廷寿诞展。大致在嘉庆以后，它搬到了东六宫的北侧，也就是乾东五所，比邻的还有寿药房、四执库、古董房和如意馆，现在属于未开放区域。

神秘的敬事房

敬事房，又叫宫殿监办事处，是太监的最高管理机构，有三名总管。康熙时总管为五品官衔，雍正最终将其确定为四品（李莲英虽然被破例提拔到二品，但这是极特殊的个例）。敬事房的主要职责有奉旨办理宫内的各种事务和要行使的礼仪，呈送内务府各衙门的往来公文，管理各处太监的一应事务。虽曰管理，但他们之间并非隶属关系，所有太监的相关事务都由敬事房行公文，

敬事房原址门外

决定权却在皇帝手里。对于所有的太监问题，敬事房都有稽查职责，裁决权依然在皇帝手里，不过是"使唤丫头拿钥匙，当家不做主"。

可以说，与皇家相关的地方都有太监，并设有首领太监，直接对皇帝负责。比如各宫殿，像乾清宫、养心殿、宁寿宫等；比如各园林，像长春园、圆明园、静宜园等；比如各皇家寺庙，像雍和宫、永安寺、阐福寺等。此外，还有景运门、御膳房、古董房、造办处、御书房、各地皇陵等，太监分散在很多地方，少则数名，多则几十名。按该地的重要性和所管理的人数，各处首领太监品级由最高五品到没有品级，甚至几个地方才设有一个首领太监，各自不一。

一般来说，太监的工作比较简单，无非端茶倒水、随时伺候、打扫卫生、摆放东西、传送文书、带话捎信。只有少数属于"技术工种"，如按摩处，专管请发，也就是剃头；又如，一些皇家寺庙，有充道士、充喇嘛的太监，专司诵经、上香等各种宗教事务；再如，鸽子房、鹰处、狗处的太监，专门豢养动物。最庞大也最专业的太监团体，莫过于南府了，道光时被削减并改为升平署，有演员、乐队、剧装、道具、化妆等专业，为宫廷演艺戏曲，属于皇家艺人。

清宫对太监有多狠

清宫的太监制度也有一个较长时间的演化过程，从康熙时初步明确，到乾隆朝彻底完善。康熙对于太监的管理，还是比较宽松的。虽然康熙也吸取历史教训，撤销了父亲顺治仿明代宦官制度而设的十三衙门，复建内务府制度，并将敬事房归属于内务府掌仪司。但康熙对一些太监还是显得过于信任，参与政务的程度也比较深，比如总管太监梁九功、魏珠，他们贪污受贿，结交朝臣。金庸小说《鹿鼎记》里韦小宝的身上，就多多少少有些他们的影子。不过康熙还是比较英明，没有让他们闹出太大的问题。雍正即位后，对这些太监进行了打击，梁九功在雍正的授意下于景山自尽，魏珠也被下放到北海，此后雍正又开始进一步规范有关太监的一些规章。到乾隆时，对宫廷太监的管理进行了最终的完善，貌似这位皇帝对太监非常鄙夷，从制度设计上看，各项规章要求都极为细密烦琐，并呈现一种高压的态势。

乾隆刚刚即位，就先惩治了雍正的总管大太监苏培盛，立了个下马威。雍正十三年十月十一日，乾隆下发了多达10页的上谕，严厉地斥责苏培盛，并提出了太监"乃乡野愚民至微极贱"这样明确尊卑的指导性思想。从文献的记载来看，我们现代人大概很难理解苏培盛的这些"过分之举"。比如太监见到王爷的时候，都应该行跪见请安之礼，苏培盛却经常半跪请安，或执手问询，还敢和乾隆的叔叔庄亲王允禄"并坐而谈"，乾隆申斥他"赏赐四品官职，非分已极，乃伊不知惶愧感恩，竟敢肆行狂妄"。此外，皇子们在圆明园九州清晏观礼的路上，苏培盛也正在那边吃饭，没有回避，结果有些阿哥看馋了，还找他一起坐下来吃。乾隆认为阿哥们与这样"愚昧无知人"同桌而食，是不尊身份、不知检点，而苏培盛更是狂妄骄恣。当然，乾隆也知道这些行为够不上罪大恶极，但他唯恐"星星之火尚能燎原，涓涓不杜终成江河"，要借苏培盛杀鸡儆猴，开始整肃太监的各项行为举止。

乾隆还专门将太监的罪责编制成成文法，如《太监偷窃官物治罪条例》《太监偷钓园庭鱼虾治罪条例》《太监犯赌治罪条例》《太监私藏军器治罪条例》《太监和宫女自戕自尽分别治罪条例》《逃走太监分别治罪条例》等，以规范他们的各项规矩，罪分三等十二条，轻者罚俸、打板子，重者发往外围或偏远地区充当苦差，甚至处死，并殃及家人。偷盗、私藏武器等行为被列为罪，我们还是可以理解的，但喝多了、打架、赌博、钓鱼也要治罪，先打板子，再发往外围充当苦差，这就比较过分了。清宫是严禁宫人自残自杀的，这样的人多要抛尸荒野，并祸及家人。清宫对于量刑也给予了极为细致的划分，太监自戕主要按他选择的自杀方法和自杀地来分别定罪，抹脖子、上吊、投河觅井罪行不一，抹脖子就要比上吊判得重，因为死相更难看，更容易吓到主人；而同为上吊，在宫里上吊就要比在行宫、园子里判得重，都是脏了主人的一块地，但宫里地位更崇高、地方更狭小，影响就更坏。

此外，关于太监逃跑的治罪条例就更值得玩味了。对于太监逃跑的量刑，主要以逃跑的次数为依据，同时要看太监是否有自首的举动。第一次逃跑并回来自首的，会被打板子、罚款，可以发回原处继续当差。如果是逃跑被逮回来的太监，在此基础上还要发往吴甸铡草一年。此后，凡再多逃跑一次，刑罚便会再重一些，治罪条例里一直写到太监逃跑五六次后该怎么惩处。一部成文法的一条罪名，竟然详细到规定累犯至五六次，这也说明了在清宫真的有太监逃跑了五六次。可见在清宫当太监实在是个苦差事，规矩严、处罚重，宁可手术白做了也不想干了，宁可挨板子铡草也要前赴后继地逃跑。从一些档案的记载来看，这些太监逃跑以后，都要被通缉，而且好像很容易被抓回来。在清宫档案中，常有此类的记载，如雍正十一年，有个叫安国祥的太监从宫中逃跑，都跑到南京了，依旧被擒，时任江宁织造的高斌专门差人将其押解回京，并亲写折子向皇帝上奏。乾隆曾定制太监满额为3300人，实际却很少能达到这个数。光绪时有过一次统计，太监总数才不到2000人。所以，清宫的太监总是缺员，这与他们对太监的高压管理有重要的关系。一个太监逃跑了五次，但被抓回来依旧舍不得杀，可见宫里是多么缺乏劳动力。

清宫不仅对太监的行为举止约束极严，惩罚手段也极尽严苛，太监们往往还会因为别人犯错误而被株连。在宫廷档案中，常常可以看到这样的案例，后妃或者宫女犯错误，该宫的太监是要被罚的，动辄便被发往瓮山铡草三年。因为清宫认为他们有稽查之责，但其他宫女却少有株连。而更不近人情的是，敬事房的太监又招谁惹谁了呢？往往有这种情况的时候，他们也会被罚，而且一罚就要扣掉他们一两年的工资。上文已经提到，虽然敬事房对于各处太监有稽查之责，但基本存在于文字上，并没有什么实质作用。更严重的是，在有些案件里，涉案太监已经被有司衙门证明清白的时候，依然会被他人株连，真是"身在家中坐，祸从天上来"，这纯粹是一种"车船店脚牙，没罪都该杀"的处理方式。

　　乾隆四十五年七月，有个太监叫马进忠，顺天府宛平县人，是个"半路出家"（成年后净身为宦官），早年曾娶过媳妇。不想多年后，他的"前妻"马吴氏因讹诈他人钱财并逼出了人命，结果还到九门提督那里去诬告。案子闹大了，原本是县官管的事，竟然惊动了直隶总督，在审案过程中，马吴氏大概认为宫里有人好办事，琢磨着审案大人不看僧面看佛面，怎么也得给点面子，就说自己的丈夫是宫里的太监。清朝的法规严禁太监家属倚仗太监的所谓"势力"在外闹事，内务府怕马进忠与他的"前妻"有所串通，干扰地方司法，就调查这位马太监是不是真有其人，结果很快就查清审明了，马进忠是在五阿哥之子绵忆位下当差。其实马进忠自乾隆三十三年净身之后，已经与家中基本断绝了往来，在内当差也属于老实本分，这个案子跟他没有丝毫关系。结果，他的"前妻"因为诬告被判了打板子、发配，这实属应当，可整件案子马进忠从头至尾全不知情，连"莫须有"都算不上，

太和门外的铜狮子

却依然被发配到偏远地方当差，虽然未必是那种重体力劳动的苦活，可马进忠整个职业生涯再无出头之日了。不过这从清宫对于太监的管理思维来看，却极为正常。

在清宫形形色色的太监案中，各种严厉而又奇葩的判罚层出不穷，所以他们大多数被管得服服帖帖。加之宫廷在日常行为上约束得极严，太监们的举止都显得很是老实规矩、出入有序。比如皇帝与大臣谈论公事的时候，太监都要主动回避，站到殿外去，不可偷听国家大事。面对皇帝，他们也绝不敢随便多言，平时没有他们说话的份儿，总的原则就是不问不答。比如后妃位下的太监，基本上是在院子里听差，没有事情吩咐，不能随意进屋。很多清宫剧里还有太监和主妃谈笑的镜头，这其实都是大忌。咸丰的玫常在徐佳氏被直接降为宫女，其中一项大罪就是跟太监孙来福谈笑，徐佳氏被"一撸到底"，孙来福自然也被重责发配。不过，有些清人的回忆录里，曾记述太监给女主子讲笑话的场景，但这些女主子都是太后、太妃。大概对于长辈女性，就没有这么严格的禁忌了。此外，太监在打扫宫殿的时候，仪态要格外恭敬，在路遇宫女的时候，要尽量让行。为了吸取明代的教训，太监与宫女不准认亲，哥哥妹妹是不能乱叫的，更不可"结对食"（临时性的假夫妻），这在清宫是极重的罪责。

太监职场挣扎史：走红靠才艺、升迁改门庭

清代对太监的管理虽严，很好地避免了历史上宦官干政的弊端，但皇帝或太后跟前也总有些红人，比如上文提到的梁九功、李莲英，他们也算在严酷的体制下获得了个人成功。那什么样的太监在清宫里更容易获得宠信呢？能说会道，办事伶俐，还是能够揣摩圣意？这些可能都是，但这些能力并没有一个相对具体的衡量标准，倒是有一个摸得着看得见的硬指标，让不少太监在清宫里红了起来。清代宫廷特别喜欢戏曲，皇家专门养了一个庞大

的戏班，有大量太监就是专门从事戏曲演出的，很多太监也正是因为突出的表演才能而获得赏识。比如隆裕太后宠信的太监小德张，就是因为唱戏在宫里红起来的，这在很多清人笔记和回忆录中都曾被提及。再如慈禧太后的太监李莲英，虽然他不是因此而受到信任，但也有一定戏曲方面的才艺，李莲英曾帮助同治皇帝一同演戏，哄太后高兴，会戏、懂戏，起码也是李莲英受赏识的一个因素。就连视太监为"乡野愚民至微极贱"的乾隆，其实也有自己喜爱的太监演员，还给他们办过打破制度的实事。

乾隆五十八年的时候，皇帝专门派和珅清点了所有恩赏太监入旗的档案。民人入旗在清代是一项殊荣，即便是官员立下了卓越的功勋，也不一定能够享受到这样的待遇。入旗以后，家族里的子子孙孙生活都可以得到保障，还有科举、当官等一些便利途径。虽然太监入宫都要被编入八旗，但这叫认旗，只安排他们个人，毕竟太监也没有子女，不会影响后世的八旗人口而造成僧多粥少的问题。但入旗就不一样了，太监的兄弟、侄子、侄孙们，从此都是旗人了，都可以享受八旗的待遇。这些入旗的太监，无一例外地全来自皇家戏班南府。档案中计载乾隆元年奉旨入旗的有南府太监喜贵和李国喜两家人，乾隆二十四年奉旨入旗的有南府首领太监冯常喜一家和南府太监张文玉一家。从这份档案的清单来看，这些太监的侄子、侄孙中有很多人当上了柏唐阿，也就是没有品级的官，但其由此进入了官员的行列。以喜贵一家

断虹桥上的石狮子

为例，喜贵哥哥李荣贵有一子当上了柏唐阿，喜贵弟弟李荣显的子孙里有五位当上了柏唐阿，整个家族因此完成草根逆袭，彻底改换了门庭。

历史文献中并没有记录这些入旗的南府太监有哪些超群的才能，但想必一定有过人之处，并打动了皇帝的圣心。更值得玩味的是，乾隆有位纯惠皇贵妃苏氏，即皇三子永璋、皇六子永瑢的母亲，本系江南民籍汉女，在乾隆还是皇子的时候，便已进府服侍左右。乾隆登基以后，自然也要给苏氏一家办理入旗手续，而宫廷档案显示，苏氏一家在乾隆四年才奉旨入旗，也就是说比喜贵和李国喜足足晚了三年。从很多迹象来看，乾隆对苏氏还是比较宠爱的，但仅以入旗顺序一项来看，乾隆怕是更爱才艺出众的南府太监。

太监如何"成为"太监？

太监大多来自北京周边最为贫困的家庭，有的是自幼家贫，无力抚养，便被爹妈送进了宫；有的则是业已成人，为了抚养家庭，走投无路，只好选择了这条道路，像清末的老太监信修明，十年寒窗，却屡试不第，还考过水师学堂、太医院，都没成功，后来为了赡养母亲和年幼的弟弟妹妹，在娶妻生子后，为家族完成延续香火的任务，便去当了太监。在清代，由内务府主管太监的挑选。对于民间百姓，内务府一向只考虑管理的简单便宜，却丝毫不考虑他人的疾苦，所以民间百姓想当太监，必须先自行阉割，才有资格去内务府报名。报名之后，只要凑够10个人，便可去参加考试。所谓考试，也就是检查，主要项目有"口齿伶俐、面貌端正、身无残疾"等，最重要的就是净身彻底不彻底，这还有个名字叫验净。负责这方面工作的是内务府的会计司（专门负责人口）和掌仪司（负责礼仪）的人，并有老太监专门来把关，其方法也绝对是简单粗暴的，就是下手去摸，绝对认真负责（此处删去200字）。

当时北京专有提供太监手术的技师，叫刀儿匠。刀儿匠最早都是官办世袭的，国家规定只允许 4 户人世代从事此业，属于垄断。到晚清时，朝廷的国家大事都管不过来了，对于民间刀儿匠也就睁一只眼闭一只眼了。在几户官刀儿匠之外，民间又出现了几户非官办的刀儿匠户，像早年流传特别广的小刀儿刘，就是此类，称为私刀儿匠。

刀儿匠的手艺据说也是特别神，一个是手术好，一个是药用得好，只要有皇上在，就有钱赚，手艺不愿意传给外人也就很好理解了。旧时传闻太平天国当初也想搞太监制度，弄了几百个小男孩，专门请广东那边的西医来给做手术，结果主刀大夫的手艺不行，这些孩子没有一个活下来的。但基本上北京的刀儿匠做一个手术，病人 21 天就能下床，伤亡率并不是很高。

古人素有"身体发肤受之父母"的观念，身上的一切都应该保护好，既然活着的时候因为生活所迫，必须分离，那死了以后，入葬的时候，也要缝在一起。古代犯人被砍头，家属大多要把被砍掉的脑袋缝在身体上，才能下葬；还有一些非正常死亡的贵族，家人在其下葬时，还会给他镶上个金头、金胳膊什么的。所以太监做完手术，死后要跟身体合璧到一起。手术的残留物要留下来，可这在古代是一个极大的难题，不过刀儿匠有祖传的秘法，而且极为重口味。

古人对于这种生肉的保存，不像现在可以泡各种药水，那时候都是按类似烹调的方式进行的。比如传说五代十国的时候，辽太宗耶律德光带兵进中原，在回去的路上死了。当时的太后就要求"活要见人，死要见尸"，但路途遥远，随行的大臣没办法，就把耶律德光风干做成了木乃伊，这属于风干法。对于太监的手术残留物，刀儿匠用的则是油炸配中草药和香料的方法。具体来说，先用香油炸透，然后用他们祖传秘方配置的"八宝散"（八种中草药和香料）包裹好，再用油绸子包上，装到木匣子里。这其实也是刀儿匠的敛财之道。这东西保存好了之后，并不会在当时交付给太监本人，而是待他们年老之后。无论是否发迹，太监大多会为身后事着想，存上一笔钱，找这家刀儿匠重金赎回，好让自己的身体完整地下葬。

关于太监的净身问题，旧时多有传闻，说有个别太监净身并不完全，在宫闱之间如何如何，乃至传出了慈禧太后与太监安德海的绯闻。还有清人笔记说安德海在山东被丁宝桢处死，曝尸多日，就是让人看看他是不是真太监。为了平息这种传闻，有人就建议让慈禧把宫里的太监再好好检查一遍，慈禧也很无奈下了懿旨要求"认真检查"。后来宫里的太监，包括李莲英，就又都被认真检查了一遍，确实是一个不干净的都没有。这就是当时比较有名的"扫二苴"事件，后来被宫里的太监视为奇耻大辱，于是义愤填膺的太监们便设局，整治了这个提建议的人。不过，与前辈学者聊天的时候，听说在清宫档案中记载过一个案子，一名太监在净身入宫的几年后，渐渐发现被净之处，竟然"春风吹又生"了，后来被人发现举报，最终被轰出了宫。这倒是个医学史上的奇迹，不过这份档案我并没有亲眼见到，而且这种事实在违背常识，只能将其视作一种可能发生过的神秘事件。

太监群体实在是一个畸形而悲惨的群体，即便出现过一些历史名人，但大多没有什么好名声。不过在清代，太监当中却出现了一位堪称世外高人的武林高手。嘉庆时期，肃亲王府有一名太监董海川，虽从未在主子跟前大红大紫过，却是民间武术的一代宗师。对中国传统武术稍有了解的人，都听过"八卦掌"，这便是由董海川开宗立派的。评书《雍正剑侠图》里的主人公童林童海川便是以董海川和八卦掌为原型创作的，20世纪90年代吴京主演的电视剧《太极宗师》中的相关情节，正是来源于杨氏太极的创始人杨露禅与董海川比武的故事。而董海川创的八卦掌，至今仍是享有盛名的拳术，2008年还成为国家级非物质文化遗产。

生活逸事篇

情天爱海长春宫：乾隆与孝贤，少年夫妻，老来无伴

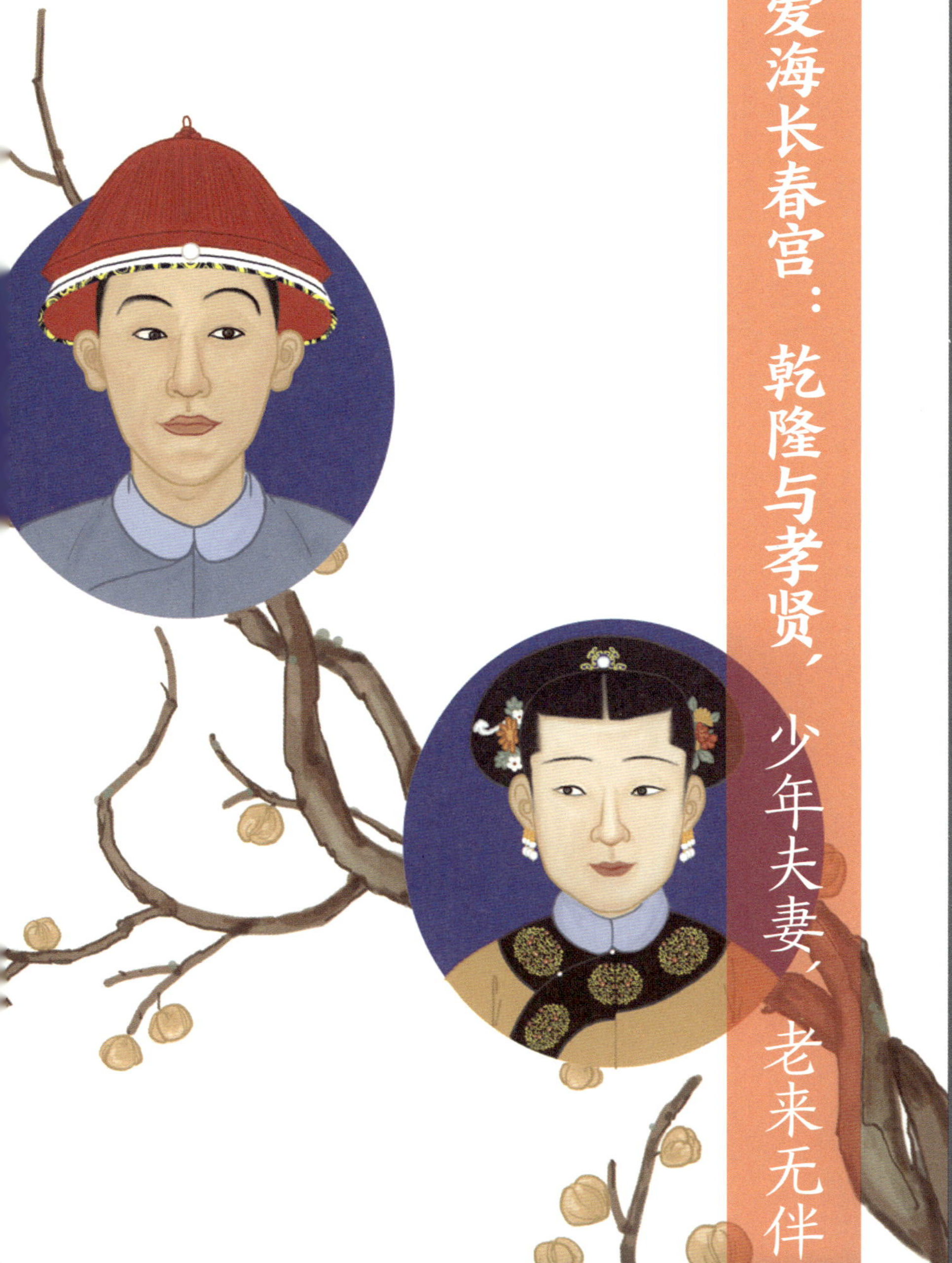

爱屋及乌的帝后之恋

　　长春宫位于故宫的西六宫，自乾隆开始，它就是后妃寝宫中最特殊的一处。长春宫的名字早在明代永乐建紫禁城时便有，并没有什么特别深远的含义，不过"长春"二字对于乾隆却意义非凡。清高宗有一个法号叫"长春居士"，是当年他为皇子时，其父雍正赐予的，在他成婚以后，世宗还特将圆明园中的长春仙馆赐给他的小家庭居住。所以，乾隆对长春二字极为珍视，在他登基后，皇家之地，凡带长春二字的地方，自然也都被赋予最高规格的含义。圆明园里，他大大提升了长春仙馆的等级，这里不但成为孝贤皇后的宴息之所，节令时还要奉迎皇太后来此暂住，而后来的嘉庆帝也有"长春赐福钦垂统"这样的诗句。诗注中写道，乾隆晚年时，赐他居于长春仙馆，即有传位之意，正是"长春"二字由雍正到乾隆再到嘉庆的又一次传递。紫禁城中，乾隆于其寝宫养心殿西暖阁内为自己改建了长春书屋，而孝贤皇后则被安排长住于长春宫。

　　乾隆一生有41位后妃，这位风流多情的帝王无论宠爱过多少人，孝贤皇后却一定是最不同的那一个，纵使天人永隔数十年，那份深情与眷恋也未曾随时间的流逝和新人的涌现而消失。雍正五年，世宗在秀女选看时挑中了富察氏，并指婚于当时的四阿哥弘历为嫡福晋，自此之后，夫妻二人琴瑟和谐，岁月静好，在情窦初开的年纪，彼此一度是对方抚平青春萌动的知心良药，颇有几分《红楼梦》中宝黛的身影，在那个时代，又是有皇位要继承的帝王家，确属难得。当然，生性飞扬自负的乾隆绝不会是那个宝二爷，孝贤自然也不会是林妹妹，但正是这种仿若宝黛间情切切良宵花解语的少年依傍，被乾隆标榜了一世。

孝贤皇后在世时，乾隆对她并没有表现出像皇太极之于宸妃、顺治帝之于董鄂妃的那种偏爱。似乎除了制度以内的待遇外，孝贤皇后并没有获得太多额外的恩宠，而乾隆对后宫的嫔妃也是雨露均沾。只是乾隆给予孝贤的爱比较含蓄，虽然他常夸赞皇后孝顺、贤惠、简朴，对她也曾有"历观古之贤后，盖实无以加兹"的溢美之词，但这些话实在显得太官方，只是说她做皇后多么合格，而不是这个妻子多么可爱。其实乾隆对孝贤，更多地是以爱屋及乌的方式表达自己的情感。

清代极为重视军功，有拓土开疆之功，才是列入一等豪门的硬核标准，往往比官位的高低更重要。孝贤皇后的父亲李荣保当年曾被康熙帝严厉申斥，大致的意思就是，他们家从来没有为国家流过血、死过人，所有的荣耀都只是皇上赐予的。或许出于这种原因，在乾隆十三年大学士讷亲率军征大小金川损失惨重后，于朝中能征惯战之将大有人在的情况下，皇帝竟然委任没带兵打过仗的傅恒统领大军。此次乾隆对皇后弟弟傅恒的大胆任用，在很大程度上可以说是破格提拔，毕竟在此之前，傅恒只是管理皇家后勤，虽执掌过一省各项事务，却从未展示过军事才华。所幸，此役大获全胜，是清代军事史上重要的一役，位列乾隆十大武功之一，而傅恒也凭此军功得以位极人臣，富察氏家族的这一支脉由此走向了辉煌，门庭显赫，直至清朝灭亡。满门的荣誉固然是由于傅恒的能力，但乾隆给予的这份信任却更为难得，不同于汉武帝任命卫皇后的弟弟卫青征讨匈奴，清代帝王对外戚能有如此重用是极为少见的。即便是雍正朝以外戚身份带兵的年羹尧，其实也早在康熙四十九年便开始在四川屡立战功，担任抚远大将军之前，他的军事才能早就被认可了。

对皇后家族的这等提携，虽在清代极为少见，尚还有皇帝揽英才为己用的成分，但就连从小伺候过孝贤的下人，乾隆都赐予了极为特殊的恩赏。据内务府档案记载，乾隆二年，乾隆办理了皇后奶公塞克一家 10 口的入旗手续，这在清代是绝无仅有的事情。所谓奶公，即乳母的丈夫，清代皇家、宗室、贵胄向来都格外厚待自己的乳母，家主会将乳母一家视为有伦理关系的亲人，所以会给予他们很特殊的待遇，形成亦仆亦主的关系。孝贤皇后的乳母一家，自然也是她最亲近的身边人，但乳母一家人的身份依然是奴籍，算是富察氏的家下人口。我们常在历史剧里看到，某大臣获罪，动辄全家几十口被发配，这全家几十口并非仅指与这位大臣有亲缘关系的人，他们家的奴籍人口也都是要跟着一起发配的。

乾隆此举不仅让皇后乳母一家脱离了奴籍，成为法律上的良人，还让他们成为旗人，享受到比平民更好的各项待遇。档案中没有提到奶公塞克一家是否被授予职务，但起码他们家的子弟可以参加科举考试，有望成为"公务员"，不再会因他人之罪举家被连累。清代皇帝向来对自己的乳母都极为优待，动辄封赏世袭职务，赐予田产房屋，但连皇后奶公一家都被赏赐，实为目前看到的文献材料中仅有的一例，且完全超越了制度。乾隆对孝贤皇后的体贴周到可见一斑。

　　然而，往往天不遂人愿。种种迹象都表明，乾隆素有嫡子情结，他曾说清入关后便从未由嫡子继承大统，一贯追求完美的他，也就格外期盼能由中宫所出的皇子继承皇位。可也正是这份期许，与乾隆心有戚戚的孝贤皇后却走入了一个死结。自二人成婚以后，孝贤皇后共育有两位皇子，却先后夭折，特别是皇七子永琮之死，对她的打击极大，身体也因此每况愈下。乾隆十三年，为了抚慰皇后的丧子之痛，皇帝率众东巡。可没想到的是，孝贤皇后在途中染病于济南，更没想到的是，数日之后，在回京的船上，孝贤皇后便撒手人寰。乾隆大恸，倾注了 22 年的情感在这一刻彻底成为追忆，与发妻白头偕老的心愿终成梦幻泡影，他无法面对孝贤的突然离世。

跨越四十八年的长情

　　孝贤皇后薨逝之后，乾隆痛彻心扉，从此性情大变，继而引发了朝堂内外的一系列动荡。从档案记载的情况来看，在皇后去世后的这一年，关于她后事的文书多如雪片，乾隆事无巨细地要求着每一个人、每一件事，仅内务府奏销档的相关奏折，就有将近 100 份。档案目录放眼望去，满篇皆是"大行皇后"，这在清代皇家档案中是绝无仅有的。让人感到乾隆似乎不仅是悲痛不已，更像是中了邪一样，瞬间切换到了毫不讲理的暴君模式。有清人笔记说，乾隆下令将孝贤皇后的遗体和她所乘的那艘御船一起运进北京城，但到了北京城外，却遇到了难题，船身太大，城门太小，乾隆竟然想把城门拆掉。幸亏当时内务府大臣海望出了主意，让人在城墙内外搭起木架，设轨道，于轨道上再铺满新鲜的菜叶，命人将船拖上轨道，船行之处，菜叶被轧出汁水，可以让船体半拖半滑地被运进城内。笔记记载的故事不一定可靠，但绝对是当时乾隆精神状态的一种写照。然而，更大的风波还在后面。

　　回到紫禁城，乾隆更表现出罕见的暴虐。在一系列表述哀悼的繁复而盛大的礼仪之外，他要求所有人从外在到内心都要与他共情，只要所见之人，但凡对皇后的去世稍显不够悲痛，就会受到严厉的处分。大阿哥永璜和三阿哥永璋，就因被乾隆认为哀悼之心不够诚恳而大受申斥，但其实大阿哥的罪名不过是"只如照常当差"，三阿哥年仅 14 岁，乾隆甚至都没有具体指出他的不妥行为，最终二人都失去了皇位继承资格。不少人情事故老练的官员此时纷纷向皇帝上折子，表达哀悼之情，借此邀宠，以巩固自己的地位，乾隆心里自然明镜一般，还给奏请进京的官员批复道："此不过随众陈情，并非出于心中至诚，实可不必。"然而，真有实心眼的官员因为没写述哀折子，立刻招致乾隆的不满，官降两级，涉案者多达 53 人，其中还有尹继善这样的重臣。更有甚者，负责葬礼的个别官员，在翻译满语皇后册文时出现了错误，直接被处死。

总之，乾隆十三年，大清的官员彻底体会到了什么叫伴君如伴虎，处死、夺爵、革职的事件频频发生。虽然乾隆帝之前在一些事务上也表现过杀伐果断的手腕，但相比于他的父亲雍正帝还是要温和许多。也是从这一年开始，乾隆帝时不时地便会露一下他可怕的獠牙，而在往后的近 50 年时间里，官员们行事不得不格外谨慎，乾隆朝的政治氛围自此发生了转变。

乾隆在朝堂上一系列不讲理的表现，无不衬托出皇后的突然去世给他带来的无助，导致了他以报复性为主的多重情绪的集中发泄。然而，故人犹记前事，前事已化飞烟。乾隆心底最细腻的情感，尽数挥洒在了给这位亡妻写的 100 多首御制诗里。

皇后薨逝之后的前几年，是乾隆书写悼念亡妻诗篇最集中的创作期。当年三月二十五日，皇后的棺椁移放到景山，他写下了诗句："廿载同心成逝水，两眶血泪洒东风。早知失子兼亡母，何必当初盼梦熊。"皇帝痛彻心扉，悔不该让她因生子而断送了性命，如今纵是血泪千行似雨倾，也是枉然。同年夏天，乾隆再次

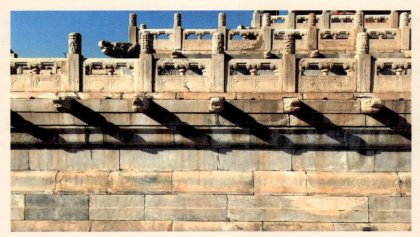

汉白玉石栏杆

来到圆明园，看见"榭柳台花依旧荣"，想起二十年来此地多少旧梦缠绵，不禁又发出了"长春仙馆顿长秋"的悲音。凡此种种，乾隆目所及处，似乎都能勾起他对孝贤的思念，见大雁南飞，乾隆会伤情，"行看鸿雁至，应有独离群"；见天上月圆，又感叹"同观人去遥，玉轮依旧朗"。

甚至每每于梦中见到皇后，乾隆都会泪眼婆娑地醒来。皇后去世当年，他作"醒来泪雨犹沾枕，静觉悲风乍拂帷"，两年后，又写道："无奈彻人频唱晓，空余清泪醒犹涟。"再无人能如你与我同衾话五更。

乾隆十九年，乾隆东巡时去蒙古草原看望他与孝贤的女儿和敬公主，本应是举家欢乐的时候，可看到女儿，不免思及亡妻，乾隆的鼻子又酸了，"同来侍宴承欢处，为忆前弦转鼻辛"。哪怕后来皇孙、皇曾孙都成亲时，乾隆也不忘跑到皇后陵前去说一声，"了识生归灭，宁知媳娶孙"，"曾孙毕姻近，眠者可闻知"。

而在乾隆眼里，济南也彻底变成了一座伤心之城。孝贤皇后因在此染病而至薨逝，以致乾隆只要到山东，都不肯再入泉城。乾隆十六年，乾隆皇帝写道："大明湖已是银河，鹊架桥成不再过。"二十二年，他又写道："稍可历城不入望，恐防忆旧泪汍波。"三十年经山东时，他再写道："四度济南不入城，恐防一入百悲生。"而原因必然还是"十七年过恨未平"。

嘉庆元年，在位六十载的乾隆成为太上皇，为了告诉孝贤皇后这个消息，乾隆最后一次来到孝贤皇后的陵前，"昨叩六旬年，今携子位传，吉地临旋跸，种松茂入云。暮春中瀚忆，四十八年分"。诗注：孝贤皇后于戊辰三月十一日大故，偕老愿虚，不堪追忆。85 岁高龄的乾隆帝，于青松苍柏间，在左右的挽扶下，佝偻着踽踽前行，只为了与 48 年前的亡妻再叙一叙心事，天下之大，除此人再无二者。

正是因为孝贤皇后在乾隆心底有着不可取代的地位，所以在孝贤皇后大行之后，长春宫非但不再赐居给其他后妃，每遇年节还要悬挂她和皇贵妃的画像，以侍供奉。这项礼仪持续了几十年之久方因故停止，而后世子孙出于对先祖的崇敬，也未有擅动。于是，长春宫就这样空了 100 多年。直到同治元年，两宫皇太后同时入住，才终于打破了这里的沉寂。

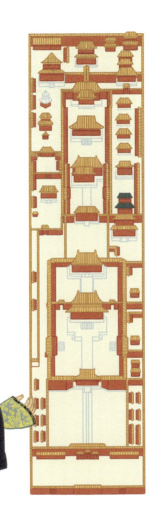

宁寿宫有疑惑……折腾八年，耗银百万，人呢？

多大自信？提前六十年策划退休

　　宁寿宫，即现在故宫博物院的珍宝馆区域，清初的时候主要是太后太妃的居所，到乾隆晚年时，特意将此重新修葺改建。众所周知，乾隆即位之初，曾发下宏誓大愿：如蒙上天垂眷，能够

宁寿宫外三座门

执政 60 年的话，也就是 85 岁的时候，他将禅让皇位，自居太上皇。乾隆皇帝倒真是个格外自信的人，在那个人活七十古来稀的时代，刚刚 60 岁出头的时候，便开始准备 85 岁以后的生活，大兴土木地兴建他的"干休所"，专为"授玺之后，将是以为燕居地"。从乾隆三十六年到乾隆四十四年，宁寿宫整整修了 8 年，足足耗银 143 万余两。而根据内务府档案记载，在同时期，他给自己的女儿和硕和恪公主修建的公主府，才花费了不到 9000 两白银，一座宁寿宫的造价为一座公主府的 159 倍。可见，乾隆为他的退休生活真是下足了功夫。

中国的古代帝王都有一个"内圣外王"的理想，也就是说他们都希望自己在政治领域行王道而有所作为，在精神领域又能达到圣人的境界。乾隆自称"十全老人"，对政治领域的作为他是很自信的，所以他期许在退休后的生活里，可以没有俗事的缠绕，进而将自己的内心修炼到更高的境界。于是他在宁寿宫的设计上颇花了一番心思，殿曰养性，轩曰颐和，堂曰遂初，室曰得闲，斋曰倦勤，一处处建筑的名字，表面上看，是皇帝要逃离为万民操心受累的生活，抒发自己早已"倦勤"、终于"得闲"的心意，但其实是另有深意的。

比如宁寿宫里用作寝宫的养性殿，内中的房屋格局、陈设物品都以皇帝的寝宫养心殿为蓝本，乾隆每年大年初一在养心殿的东暖阁举行明窗开笔仪式，那么养性殿也要这么布置。养心殿的西暖阁里，有他每天要参拜的佛像，在养性殿的西暖阁，他也设计了这尊佛像的位置。乾隆的御制诗《题养性殿》很好地说明了他对这里的诉求，诗曰：

养心期有为，养性保无欲。心动而性静也，要之均宜得养。

养心代表着动，养性则昭示着静，养心与养性相对，但又统一，有区别，又有联系，正是对所谓"内圣外王"的期许。无论后世的历史评价如何，从各种迹象来看，乾隆对自己的统治还是相当满意的，他对退休以后的内心修为也是充满了信心，于是在营建宁寿宫的时候，每一处细节，他都是颇费心思的。

我，乾隆，业余园林设计师

园林设计是乾隆的一大爱好，当时中国的园林以江南为典范，代表了当时最高的审美理念和工艺水平，更在明末清初时涌现出《园冶》《闲情偶寄》等这样阐发园林设计的著作。他对这些著作非常喜爱，也时时研读，并以他的理解付诸宫廷园囿的设计。我是不懂园林营建的，不知道宁寿宫花园是否体现了中国建园的精髓，但从乾隆所说的"略师其意，不舍己之所长"可以看出，起码他觉得他已经掌握了园林设计的要旨，并在古人的基础上有了更进一步创造的想法。

宁寿宫面积虽然不大，却寝宫、佛堂、书屋、花园、戏台样样俱全，整体布局非常有序，屋宇虽很紧凑，但错落有致，曲径通幽中能够达到移步换景的效果，曾被人誉为皇家园林中小巧玲珑、精巧华美的不朽之作。乾隆在室内设计上也充满了机巧，比如倦勤斋，就被他打造成一个设置有密室、密道、暗门的房屋，它本有九间，设计者从外在通过游廊的掩映、开门悬匾处的错位，以

故宫藏玉石盆景

及内部隔断的布局，都让人感觉这是一个五间大小的房屋，隐去了西边四间，布置成一个极为私密、内含戏台的空间，想要进入这里，唯有两条暗道可走。在倦勤斋东五间的西墙处，有两面一人多高的大镜子，而靠南侧的镜子实则是进入暗室的一扇门。暗室的西端靠南侧，也有一扇门，走进去，则是与相邻建筑竹香馆之间的一条密道。密室并非有兵戈之祸时可供皇帝逃跑的秘密通道，从布局来看，从倦勤斋走到竹香馆，真有危险的话，等于没跑。从功能上看，《清宫述闻》记载，"乾隆时，尝命南府太监演唱岔曲（发源于乾隆时期八旗军中的一种小曲）于此"，能在此赏曲观剧。南府太监是清宫里的戏班，并非皇帝的贴身人员，进出倦勤斋只能走暗门、密道，可见也没有太多的秘密可言。这些机巧，不过是乾隆皇帝在设计园林时的一些小情趣罢了。

纵观乾隆一朝的史籍，乾隆皇帝总是喜欢那些富有设计感和精巧技艺的东西。在《造办处档案》中，皇帝的朱批里，总能见到他要求添加更富机巧设计的内容，他总是希望做出前代技术达不到的新物件，这一点是不是更像我们现代攒电脑或是改装车的技术控。著名的清乾隆官窑粉彩镂空转心瓶，镂空、转心、高温釉彩与低温釉彩的配合等诸多复杂的技术结合，正是在他一步步的要求下创新而成的。

从宁寿宫现在所呈现的室内装陈来看，确实囊括了当时清中期帝王眼中最精巧、最全面的技术，这一点实在很符合乾隆的一贯要求。比如悬挂在符望阁里的双面钟。钟表在当时本是西洋传来的稀罕物件，全中国见过钟表的人都不多，内务府造办处在乾隆时已经渐渐掌握了这种精密仪器的制造技术，并达到极为成熟的水平。我们看现在故宫博物院钟表馆里的展览，大量乾隆朝由造办处生产的钟表被安放于各式各样的宫廷陈设当中。双面钟装设在符望阁的一面墙上，钟的两侧都有运行的表盘，无论从墙里还是从墙外，都能看到时间，这种形制在今天已经不觉得新鲜，但在200多年前的中国，它的精巧程度堪称天下独有。

再如倦勤斋密室中的通景壁画，完全以西洋透视画法绘制，在其北墙上，近景画的是一只仙鹤在竹篱外起舞，远景画的是红墙黄瓦的宫殿，那种真切感，就如同站在御花园里一样。而整个屋顶，绘满了盛开的藤萝花，而且你在屋里不同的地方向上看，就能看到藤萝花的不同角度。我们很难想象早在 18 世纪，中国已经有了如此超前的三维立体室内装饰，以西洋的画技，描绘中国宫苑的内容。更为精巧的是，为了与北墙壁画中的竹篱相呼应，乾隆还特意命人在与其相对的南墙内搭建了一处一模一样的竹篱，但这是以楠木仿竹工艺制作的，着实令人叹为观止。

其实这已经不是乾隆皇帝第一次尝试使用通景画，尤其是屋顶的藤萝花，早有先例。乾隆七年，为了装修建福宫的敬胜斋，乾隆帝便派意大利人郎世宁以西洋透视画法仿圆明园半亩园内通景画绘制"满架藤萝"于室内。后来在装修养心殿时，又派郎世宁的学生伊兰泰、王儒学绘制通景画。到营建宁寿宫时，通景画已经达到极为成熟的程度。不过早期通景画，是将壁纸贴于墙面，再着人绘画，如同西方教堂中的壁画一样。但到绘制倦勤斋壁画时，已经改为先画墙纸，再对墙体进行贴附，就如同我们现今装修用的壁纸一样。这一时期的通景画，从审美、设计到工艺，已经趋于完美。

凸显技艺显然是乾隆的一贯追求，不过针对打造日后他的个人空间，他自然还有更深一层的愿望，即"万物皆备我用"，也就是要把他所见过的天下最精湛的技艺、最优质的材料、最富审美情趣的设计全都囊括进来。皇帝富有天下，在乾隆的小世界里自然也要以最好的东西来包罗天下，这也是中国古代皇帝大一统思想的一种体现。比如宁寿宫内所用太湖石，取自北海，俱是当年宋徽宗的遗物。再如房屋中的玉雕装饰配件，均采用新疆和田籽玉，再以当时

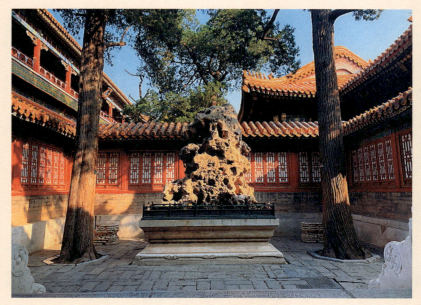

宁寿宫内太湖石

最精良的苏州玉工来雕琢。甚至连窗户上的镂花雕刻，都要在江南选取最好的工匠来完成，宫廷档案和清人笔记中都记载，乾隆专门安排两淮盐政李质颖在苏州负责此事。加之上文提到的双面钟、通景画，我们可以看出，乾隆皇帝是要将天下最好、最罕见的优质工艺一网打尽于他的养老宫。

　　　金乌度影迟花漏，彩燕迎韶拂锦笺。几闲因之勃吟兴，也如春意渐和宣。

　　这是乾隆专为通景画题写的御制诗，尤其是"几闲因之勃吟兴，也如春意渐和宣"两句透露出那份半遮半掩的得意，此时的乾隆大概正坐在倦勤斋的暖炕上，欣赏着自己精心打造的小世界，沉浸于"天下之大，无不为我所用"的梦境。

　　不过，乾隆并没有在其精心打造的个人空间里常住。在他生前，宁寿宫于史籍中的记载主要集中在两次大型的活动上，一是他母亲崇庆太后的八旬万寿庆典，这里作为其中一次主要活动的主会场；二则是于乾隆六十年万寿庆典，在宁寿宫的皇极殿举办了清代最后一次千叟宴。皇帝终归还是放不下手中的权力，当年的宏誓大愿早已昭告天下，不让位着实是不好意思了，但他退位时还是反悔自己归政于新皇，在他85岁的时候，他对自己健康的信心再次爆棚，宣布了继续训政15年的上谕，待他百岁之后再全身而退。所以，乾隆一直没有搬出养心殿，他"倦勤""得闲"等退休生活的梦想，也随着三年后自己的驾崩而消失在历史中。

御茶膳房馋人史：份例不够吃！御膳吃不了！

御茶膳房与御膳房

　　紫禁城里的御茶膳房原址将在 2020 年对外开放，这着实是个令人振奋的消息。皇上家吃什么，是不是天下最好吃的美食？皇上家吃饭什么样，是不是真的有上百个菜？御膳房是怎么回事？传说中的小厨房又是怎么回事？人们关心的问题实在是太多了，御茶膳房既神秘又令人向往。故宫博物院即将开放的御茶膳房在三大殿的东墙外，即箭亭（今武备馆）的东南侧，不过，很多史籍还记载过一个御膳房，在养心殿以南、军机处以北。这御茶膳房和御膳房并不在一个地方？它们之间又有什么联系和区别呢？

御膳房院门

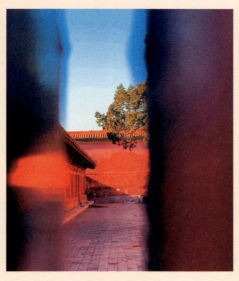

门缝里的御膳房

简言之，御膳房是专门负责皇帝吃饭的厨房，它之所以被设立在养心殿附近，就是为了近靠皇上的寝宫。御膳房之上，还有个御茶膳房，它是负责宫廷一切饮食的总机关，所以它设立在紫禁城的外朝区域。宫廷饮食牵扯的人数多、级别多、花样多，自然不是一个公共食堂就能解决的，相关的机构极其复杂。《国朝宫史续编》记载："皇帝有御膳房，皇后有内外膳房，寿康宫皇太后有外膳房。"这是说在清宫里，负责饮食的工作人员按不同主位分别组成小组，有若干人是专给皇上做饭的，有若干人是专给皇后做饭的，还有若干人是专给太后做饭的。这些膳房只是各处的厨房，这些厨房的上级单位就是御茶膳房。在清初，御茶膳房下辖有茶房、清茶房和膳房。康乾盛世，国力越来越强盛，宫里吃的也越来越讲究。所谓讲究，就是在关于饮食的每一个环节都有专门的人负责，所以御茶膳房后续又渐渐增添了内饽饽房、外饽饽房、酒醋房、肉库、干肉库、菜库等很多机构，成为一个分工极为精细的组织。

无论御茶膳房有多么繁杂，但目的其实只有一个，就是要让皇上和娘娘们吃好，通过菜品的种类与数量，彰显出皇家的气派与传统社会一贯主张的等级观念。我们不妨先看看清宫御膳有哪些好吃的，以清宫里每一天的饮食入手，从另一面来解读御茶膳房这个庞大的餐饮组织。

一般来说，清宫里每天有两顿正餐，也就是早膳和晚膳。不过早膳不早，晚膳也并不晚，虽然每个皇帝用餐时间并不一致，但大概都是上午进早膳，下午进晚膳，民间所说的御膳的概念基本指这两次正餐。一天两顿饭未免会饿，所以其余的时间可以随时传点心，传点心的次数可以不限。从光绪三十二年一份慈禧太后用奶碟的档案来看，"早用奶碟二品，早膳奶碟二品，晚膳奶碟二品，听晚奶碟二品"，大致可以推断，后宫一般比较有规律的饮食分为早点、午饭、晚饭和夜宵这四类，中间可能会再增加一些茶点一类的东西。

后妃的份例够吃吗？

清宫里吃饭是配给制，按级别走，皇帝、太后及后宫各主位的厨房叫作膳房，剩下的阿哥、公主和其他人的厨房只能称作饭房。而膳房和饭房还要依据不同身份的人，再划定用餐指标，什么级别吃多少量、多少种，都是有固定标准的，这个叫份例。在所有人中，以皇帝的份例最高，也就是种类最丰富、数量最多。乾隆是个特别喜欢制定制度的人，咱们不妨就以他规定的最常规的个人份例示例：

> 盘肉二十二斤，汤肉五斤，猪油一斤，羊两只，鸡五只（其中当年鸡三只），鸭三只，白菜、菠菜、香菜、芹菜、韭菜等共十九斤，大萝卜、水萝卜、胡萝卜共六十个，包瓜、冬瓜各一个，茎蓝、干薤菜各六斤，葱六斤，玉泉酒四两，酱和清酱各三斤，醋二斤。早、晚随膳饽饽八盘，每盘三十个。

乍一看，貌似皇上每日份例里的品种显得很朴素，无非鸡鸭肉，咱们现在每日都能吃到，他们和我们的区别，无非也就是每天份例里的东西格外多而已。当然，后妃也基本是这个路数，都是依照皇帝的种类和数量进行一定的缩减。咱们看看后宫的情况，那些萝卜白菜之流就不多说了，仅就肉类进行一下比较，毕竟在那个时代，肉算是饮食里的高级货，其中有些细节是很有意思的。上文已经提到，宫廷饮食是配给制，配给多少是按位分划分的，咱们重点注意一下等级之下的变化。

后宫肉食份例简表

位分	盘肉	菜肉	鸡鸭
皇后	16 斤	10 斤	每日各 1 只
皇贵妃	8 斤	4 斤	每月各 15 只
贵妃	6 斤	3 斤	每月各 7 只
妃	6 斤	3 斤	每月各 5 只
嫔	4 斤	2 斤	每月各 5 只
贵人	4 斤	2 斤	每月鸭 5 只
常在	3 斤 8 两	2 斤	每月鸡 5 只

这里头最有意思的其实是鸡鸭的供应，鸡鸭在古代的北方算是紧俏物资，比较贵，皇上家也不是每天都能吃上，皇后和皇贵妃还好，基本每天还能吃到，到了贵妃一级，就每月只能各有 7 只，也就是说尊贵如贵妃，一个月当中想吃第 8 只鸡，也只能等下月了。

我们平时觉得当到贵妃，已经很牛了，应该是想吃什么就吃什么了吧，其实没这事。最逗的是贵人和常在，贵人每月鸭 5 只，常在每月鸡 5 只，如果有一个就爱吃鸡的贵人，不爱吃鸭子，那完了，您的级别比常在高，不许吃鸡！

当然，这只是笑谈，皇帝的后妃哪能真吃不上鸡呢。上文已经说过，这些份例，只是最日常的供应，除了上述这些常规份例以外，清代的皇帝不仅仅是天下之主，其实还是个大地主，散落在东北、华北各地的皇家庄园或按月或按年都要上交大量粮食、蔬菜、肉类和各式各样的珍奇美味。仅就辽宁一地来说，盛京将军每年要上交 780 只鹿，210 只狍子，2000 个鹿尾、鹿舌，100 斤鹿筋，以及野猪、熊、野鸡等一系列野味。盛京内务府上三旗各佐领每年要上交 60 只鹅、20 头腊猪、1500 斤咸鱼、40 尾杂色

故宫藏清代皇家餐具

鱼。内务府都御司所辖的上三旗网户（即渔户），每年要上交杂色鱼 24000 斤。辽宁当地的打牲乌拉每年也要上交大量的鲟鳇鱼、鲈鱼、杂色鱼。这么多好吃的，这么高的餐费指标，皇上家的伙食费恐怕是个天价，具体是多少呢？我在档案馆只看到了宣统四年的记载，一年共用银两 16 万 1432 两 8 钱 2 分！要知道亲王一年的俸禄才 1 万两，这已经是清代最高的工资了，再加上王府庄园等处的收入，一年最多的也就 10 万两，依旧远比不上清宫一年的伙食费，而且所谓宣统四年，其实就是民国元年，这只是内务府依旧按清代纪年行公文而已，当时溥仪已经退位，且年纪尚小，并无嫔妃，后宫只有太后和几个太妃，依旧有这么大的花费，国力最盛的时候，他们在吃喝上面的花销之豪阔可想而知了。

　　除上述每年必有的份例之外，各地方督抚和内务府出身的各织造官、盐政官也时常要向皇上进献地方土特产。比如康熙的近臣李煦，他就时常向皇上孝敬，康熙三十七年，他进呈荔枝、桂圆、玫瑰露酒、桂花露酒等物；四十五年，他进献燕来笋等时令鲜蔬；四十九年，他向康熙呈进苏州的枇杷鲜果。再如《养吉斋

丛录》的"进贡物品单"中记载乾隆朝某一年，两广总督年进香橙十桶、甜橙十桶、香荔十桶、苏泽堂橘红一千片、老树橘红一千片、署内橘红一千片。山东巡抚年贡进佛手九桶、香橼九桶、恩面九桶、博粉九匣、凤尾菜九匣、大俊羊皮一千张、二俊羊皮一千张、三俊羊皮五百张、四俊羊皮五百张。两湖总督端午节贡进"通城葛二箱，百合粉二箱，通山茶一箱，安化茶一箱，郧耳一箱，香蕈一箱，笋尖一箱，蕲艾一箱，砖茶一箱"。这些美味都会端上皇家的餐桌，也会填充在帝后的日常饮食份例之中，他们的食材来源是极为充足与丰富的。

御膳吃不了怎么办？

说了半天食材，皇上的一顿饭到底是什么样的呢？是不是天下最好吃的美食？又是不是真的如民间传说的那样，每餐有上百个菜？其实清宫饮食的风味也不是一成不变的，而是随时代发展而变化的。自乾隆皇帝订立了宫廷膳食档案的规矩之后，皇帝的每日饮食情况倒是很清晰，都会有详细的记载，我们就从乾隆帝说起。比如乾隆三十年正月十八日，皇帝于卯正时分（早6点）开始进早膳，用膳前先进一碗冰糖炖燕窝，到卯正二刻（约6点30）开膳。这一日皇太后赐给皇上三个菜品，分别是炒鸡大炒肉炖酸菜热锅、燕窝锅烧鸭子、猪肉馅侉包子一品，大概是太后吃着不错，专门派人给儿子也尝尝，这三款菜要先行呈上，之后便是皇上的御膳，依次是：

> 燕窝肥鸡挂炉鸭子野意热锅一品，厢子豆腐一品，羊肉片一品，羊乌叉烧羊肚攒盘一品，竹节卷小馒首一品，烤祭神糕一品，银葵花盒小菜一品，银碟小菜一品。上传叫冯鼎做鸭丝肉丝粳米面膳一品，鸭子豆腐汤一品。

当天的晚膳在未正时分（下午2点）开始，先由茶膳房大人福隆安送奶茶，乾隆用罢奶茶后，开始用膳，菜品依次是：

莲子八宝鸭子热锅一品，肥鸡火熏炖白菜一品，羊肉他他士一品，莲子猪肚一品，青笋香蕈炖肉一品，水晶丸子一品，奶酥油野鸭子一品，后送青笋爆炒鸡一品，摊鸡蛋一品，蒸肥鸡炸羊羔攒盘一品，象眼旗饼小馒首一品，荤素馅包子一品，烤祭神糕一品，银葵花盒小菜一品，银碟小菜四品，咸肉一品，随送粳米膳一品，橱鸡汤一品。

额食六桌：饽饽奶子十二品一桌，内管领炉食八品一桌，盘肉二桌，每桌八品，羊肉四方二桌。

上要饽饽二品、二号黄碗菜二品一盒。

从乾隆最寻常的这一日两餐来看，早膳相对简单，饭菜算在一起共 10 样，晚膳相对丰富，饭菜加起来 20 多种，基本是鸡鸭和猪肉、羊肉，很像我们今天吃的一些普通的自助餐，并没有像传说中的那样，御膳就一定要满满都是海参、鱼翅、熊掌，这两餐饭里只有燕窝是比较昂贵的。清宫御膳素来以肉食为主，蔬菜只是极少的补充，这也是当时富足阶层极为普遍的生活方式，我们现在看来其实这是很不健康的饮食习惯，但在普遍"农忙吃干农闲吃稀"的古代社会，这种习惯是可以理解的。

此外，在这份档案中，我们可以看到，早膳的时候，"上传叫冯鼎做鸭丝肉丝粳米面膳一品，鸭子豆腐汤一品"，也就是皇帝让御膳房外加了两个菜，还专门点名由御厨冯鼎来做。晚膳的时候，"上要饽饽二品、二号黄碗菜二品一盒"，乾隆又特意给自己加了两个他想吃的菜。以往总有这样的传闻，清代皇帝用膳的时候，每个菜不过三箸，再喜欢也不能多吃，据说是为了防止有人下毒，他不能表露出在饮食方面的喜好。从上面这份档案来看，乾隆的口味不仅表露无遗，而且连喜欢的厨师都毫无保留地指了出来，那么这个宫廷"秘闻"也就不攻自破了。所以说，所谓"食不过三箸"，主要是一种仪态，就是不能显得那么没见识，见着好吃的就把持不住，可劲儿吃，但跟安全毫无关系。

民间还盛传皇上家吃饭排场极大，即所谓"吃一看二眼观三"，也就是说进膳的时候，有些菜品并不吃，只是为了摆着看，这倒不是空穴来风。我们看乾隆的这顿晚膳，里面有额食6桌，有饽饽，有炉食，还有盘肉、羊肉等，这些东西明显就不是为了吃的，而是摆着看的，显出"家大业大"的排场，这在宫廷御膳中是很常见的。毕竟在古代，为了凸显其高规格，往往要从数量的多少来划分，上文提到皇帝及后妃的每日食材份例，我们可以清晰地看到，膳房每天给他们准备的东西早就超出了他们自己可食用的范围，但依然还要通过种类数量和单品数量来明确各自的身份。皇帝每次用膳所上的菜品，已经是一种我们现在自助大餐的情况了，这根本就是吃不了的，但还要专门摆出6桌食品供他吃饭的时候观看，不过摆盘虽多，可宫廷里并不浪费，皇上会把每顿饭剩下的菜品都赏下去。一般来说，皇帝的膳食会赏给后妃、皇子、公主和大臣，嫔妃的膳食则会赏给宫女和太监。就以乾隆三十年南巡为例，跟随他下江南的嫔妃共6人，大多数时候只赏给贵人以上的嫔妃，有时候则会6个人全赏，每人一个菜，特别的时候，还会专门给某后妃多赏一个菜，其余的菜品则再往下级赏，一级一级往下，如果还有剩的，有笔记记载，这些饭菜就被内务府从地安门运出去，卖到民间。

这一天的两次膳食里，有一些菜品其实也是很有些门道的。比如早膳中的第一个菜——燕窝肥鸡挂炉鸭子野意热锅，热锅是清宫膳底档案里常见的呈菜形式，并非火锅，而是一种热菜的工

清代银"甲子万年"锅

具。因为皇帝传膳只是有个大概齐的时间，但要随传随到，所以膳房的人便发明了热锅。一般来说，膳房会在皇上传膳之前把饭菜都做好，为了保持温度，事先要把菜品盛入一个铁碗，然后再用加热好的两块铁板从上下两端夹住铁碗，以达到保温的作用，待皇上传膳了，再将菜品倒入瓷碗。而冬天的时候，还有另一种热锅，是大小两个银碗，把装有菜品的小银碗放到注入热水的大银碗里，就起到保温的作用了。在博物馆里，常会见到一些古代游牧民族烫酒用的注碗，原理和清宫冬日的热锅是一样的，只不过他们是把酒壶放到盛入热水的大碗里，满人虽不是游牧民族，但与蒙古族交往频繁，热锅的发明灵感大概来源于此。

　　清宫素来喜欢食用火锅，像《宫女谈往录》里的老宫女就曾回忆，自入冬以后，三个月天天都有火锅吃，可见其爱。其实在

　　乾隆的这份档案里，还隐藏着一份火锅，早膳中的第三个菜羊肉片，其实就是北京特别著名的涮羊肉，只不过在宫廷档案里没有"涮肉"这个词，一般出现羊肉片之类的词语，基本指的就是涮肉锅了。

慈禧与乾隆，谁赢得了清宫美食达人争夺战？

从乾隆到慈禧，飞跃发展的中国饮食

中国的烹饪技法在清代中晚期时完成了一次质的飞跃，这让人们的饮食习惯发生了翻天覆地的变化，至今我们都受惠良多。当然，宫廷御膳也随着这种时代大势发生了巨大变化，至晚清时，御膳的菜品与清中前期已经极为不同，我们不妨先看看慈禧太后的伙食标准，以作比对。光绪七年六月二十五日，太后病愈，身体康复，皇帝专门为她进上早晚两次御膳。

早膳：

海碗菜二品：金银喜字鸭羹、八仙鸭子

大碗菜四品：燕窝喜字口蘑焖鸭子、燕窝寿字三鲜肥鸡、燕窝平字金银鸭子、燕窝安字什锦鸡丝（这是用燕窝在菜品上摆出字的形状，四个菜正好是"喜寿平安"）

怀碗菜四品：燕窝肥鸡丝、大炒肉炖海参、荸荠蜜制火腿、汆鲜虾丸子

碟菜六品：燕窝炒锅烧鸭丝、大炒肉焖玉兰片、炸八件、肉丁果子酱、榆蘑炒肉片、拌蟹肉

片盘二品：挂炉鸭子、挂炉猪

饽饽四品：苹果馒首、如意卷、白糖油糕、苜蓿糕

燕窝八仙汤一品

克食二桌：蒸食四盘、炉食四盘、羊肉四盘、猪肉四盘

晚膳：

海碗菜二品：金银喜字奶猪、饷金银鸭子

大碗菜四品：燕窝洪字口蘑肥鸡、燕窝福字锅烧鸭子、燕窝万字攒丝肥鸡、燕窝年字红白鸭丝（燕窝字形呈"洪福万年"之意）

怀碗菜四品：燕窝白鸭丝、鸡丝煨鱼翅、海参蜜制火腿、大炒肉炖榆蘑

碟菜六品：燕窝拌熏鸡丝、烹鲜虾、肉片焖玉兰片、青笋晾肉胚、口蘑溜鱼片、碎溜鸡

片盘二品：挂炉鸭子、挂炉猪

饽饽四品：佛手卷、莲花卷、白糖油糕、苜蓿糕

燕窝三鲜汤一品

克食二桌：蒸食四盘、炉食四盘、羊肉四盘、猪肉四盘

对比乾隆时期，慈禧的御膳可实在堪称绝味美食了，种类繁多，菜色丰富，上菜的仪式感也大大提高了，海碗菜、大碗菜、怀碗菜、碟菜、片盘，分类清晰，井井有条。我们还可以发现，大量珍贵食材，比如海参、鱼翅、火腿层出不穷，尤其是燕窝。乾隆时期，燕窝在一天之内出现两次，已经不多见了，而到了慈禧时，每顿都有六个燕窝菜，而且还专门设计在菜品里用燕窝摆出字形，以此向太后祝福，就更显特别了。天天如此，顿顿如此，从现在已经出版过的档案材料来看，这种情形起码从同治初年已经出现，并在清宫御膳中形成了制度，可见虽然国力已经江河日下，皇上家吃的却是越来越奢华和精致了。

关于食材，还有个有趣的现象。满人素有吃鱼的习惯，每年皇家的各处网户庄园也都会向宫中呈进大量的鲜鱼，但前辈研究者向来认为，直到慈禧太后垂帘听政之后，宫廷御膳才出现了鱼。尤其在乾隆时期，御膳里几乎就没有鱼菜，在现有的众多资料中，我只见过一次，即乾隆五十三年七夕节晚膳，有一款辣汁鱼。而确如前辈学者所言，自同治以后，御膳中的鱼菜便多了起来，上文提到的皇帝进呈慈禧太后的晚膳中，口蘑熘鱼片便赫然在列。具体是什么原因，让宫里有上百年的时间都几乎不吃鱼，是乾隆的个人喜好，还是宫廷的规矩，现在并不能完全得知，由于宫廷膳底档案现在处于不开放状态，这个问题还有待时间去解决。不过也并不排除一些大胆的想象，比如乾隆不吃鱼，只是因为小时候被鱼刺卡住过。

乾隆的一日两餐与慈禧相比，我们还能看到一些中国烹饪技法的演进。我们看乾隆时期的饮食，如肥鸡火熏炖白菜、青笋香蕈炖肉这样蒸、煮、焖、炖的菜品和烧烤居多；而慈禧时期，如锅烧鸭丝、大炒肉焖玉兰片、榆蘑炒肉片、烹鲜虾、口蘑熘鱼片

等，这些我们日常熟悉的炒菜成为御膳中的常客，炒、焖、熘、烹、烧这些烹饪技法频繁地出现。从乾隆到慈禧，从清中期到清晚期，也正是中国烹饪完成关键进化的飞跃时期，清代人的饮食一下变得和我们现在一样了。

在全世界人类的烹饪范畴里，煮、蒸、烤、炸这四类技法是广泛流行的，有火便能烧烤，有了器皿，加入水便能煮，隔水加热便能蒸，发现了食用油后便会炸。炒则是在这四类技法基础上的进一步进化，它融合了以上所有烹饪方式，并将它们融会贯通。比如锅烧，就是先煮后炸；比如熘，是先用油低温滑熟，再烹汁；再如焖，则是先用油煎，再加水烧制。炒的发明，极大地丰富了菜品的内容，让同一食材能吃出完全不同的口感和味道，所以后来才会出现"全羊席""全鸭席""全鳝宴"这样单一物料的精美饮食，使中国饮食得到了极大丰富，完全区别于其他国家和民族。

纵观乾隆和慈禧的餐桌，其实我们已经看到御茶膳房各个部门的功能了。这一餐御膳里，膳房负责烹饪；皇帝进膳之前的奶茶由茶房负责；乾隆御膳的额食里有饽饽一桌，这是归内饽饽房制作；烹饪时所用的佐料和一些蔬菜、酱菜，以及晚膳时皇帝喝的酒，则由酒醋房提供。而像肉库、菜库一类的部门，主要是向膳房提供食材。

膳房下设五个部门，分别是荤局、素局、挂炉局、点心局和饭局。荤局主管鸡鸭鱼肉一类的荤菜，御膳中的大部分菜品由此出品；素局主管青菜、干菜，乾隆御膳中的银葵花盒小菜、银碟小菜大致由此提供；饭局主管各种粥、饭，乾隆的粳米面膳便是它的作品。

挂炉局主管烧烤，在上文中，乾隆和慈禧御膳里都出现过的挂炉鸭子就是在此烹制。北京烤鸭有两大派系，一个是焖炉烤鸭，据说源于当年的南京烧鸭；一个是挂炉烤鸭，便是我们今天最常见的烤鸭了，就是源于清宫。如今常见的烤鸭当年被全聚德改造，由果木进行烧烤，从道光十四年的一份皇太后外膳房档案来看，清宫烧烤用的是炭，烤一次用炭30斤，可见这烤制的数量是很大的，而且并不像现在一样卷着饼吃，清宫的挂炉鸭可能是最原始的烤鸭了。挂炉局还有一种美食，就是慈禧太后吃的挂炉猪，也是满式的挂炉烧烤，用的是乳猪，如今已经很少能见到了，据说和广东的烤乳猪是两种风味。而当时的一般人家也吃不起整猪，便用猪身上最好吃的五花肉来替代，称为炉肉，所以烤鸭在过去也有个名字叫炉鸭。炉肉除了直接食用以外，由于它切成片后熬汤，会格外美味，还常常被做成火锅，但不是涮肉锅，而是暖锅，有时还可以做成炉肉熬白菜，也是当时的一味名吃。此外，唐鲁孙在《中国吃》一书里说过去北京有一款名菜"炸响铃"，就是烤猪的肉皮，烤酥了的肉皮，再下锅炸一下，吃起来焦脆，同时还会发出"咯吱咯吱"的声音，便因此而得名。

点心局主管包子、饺子、烧饼等面食，像乾隆吃的烤祭神糕、荤素馅包子，就是这里制作的。饽饽这个词在我们的生活中已经很少出现了，由于旧时售卖饽饽的商铺就是现在的点心铺，所以现在大多将其理解为点心。不过有了点心局，为什么还要再设立饽饽房呢？原来饽饽和点心还有个重要区别，饽饽往往指的是我们现在意义上的糕点，也就是制作之后完全冷却的点心，比如满式点心的代表萨其马，就是归在这一类。而所谓的点心一般是现做现吃的面点或者茶点，更类似于小吃，像包子、烧麦、炸糕，便归属于点心。广东人喜欢喝早茶吃点心，虾饺、蟹黄包、奶黄包都属于他们的点心范畴，我没有考证出广东点心概念是否与清宫有什么必然联系，但同为中餐，在这个概念上也有异曲同工之处。不过清宫对于点心和饽饽的划分也并不是那么明确，饺子虽然归点心局制作，但在终清一代，一直被称作煮饽饽，而乾隆组织编写的《御制增订清文鉴》一书中，饮食的分类里只有饽饽，并无点心，他又把萨其马、元宵、饺子都归到了一类，所以它们其实也只是有个大概的归类而已。

名不副实的茶房

茶房也是各宫必备的部门，但它负责的主要是满人喜欢的奶制品、果品和饮用水。满人素来喜欢食用奶品，这是茶房一项极为重要的工作，也是清宫御膳的一大特点。阅读膳底档案的时候我们会发现，乾隆几乎每次进膳之前，都要进一碗奶茶，之后才开始吃饭，宫廷演剧的时候，也时常伺候奶茶，嘉庆十六年的一份档案显示，"开戏备奶茶并东西两路早晚赏奶茶以及预备克食行用奶子200斤。十五日，做奶子月饼行用奶子100斤，七月二十六日起至八月十五日止，添蒙古王公克食每日行用奶子50斤，九月初九日，作奶子花糕行用奶子100斤"。可见宫廷用奶数量之多，次数之频繁。

后宫每日用奶量更是巨大，令人咋舌。按宫廷份例，皇帝有奶牛50头，每日每头牛出奶2斤，共100斤；皇后有奶牛25头，每日用奶50斤；贵妃有奶牛4头，每日用奶8斤；妃位有奶牛3头，每日用奶6斤；嫔位有奶牛2头，每日用奶4斤；贵人及以下无定例，都是挂在其他有奶牛份例的后妃名下随用。宫廷不仅用奶量极大，而且日日离不开，皇上去哪儿，这些牛都要跟到哪儿，我查了道光、咸丰几次拜谒清西陵的档案，每次都要按随行的主位来配备奶牛的数量，咸丰五年四月一行，便动用了奶牛95头之多，可谓大军未动，奶牛先行。除此之外，每年内务府庆丰司还要从各地庄园收集乳油、乳饼、乳酒，交与茶房备用。当然，奶制品和御膳都一样，虽然看着用量极大，但其实个人真能吃下的不过一小部分，其余依旧都是按惯例一级一级赏下去。

宫廷奶制品我们现在能看到的主要是奶茶、奶酪、酸奶、奶饽饽一类的东西，在很多老北京风味小吃店里都有，不过还有一些特殊品种，现在已经很难再现了。比如在道光朝档案中，有一份档案的内容是两个月内每日制作一种奶饼所需物品的汇报。有杂粮、牛奶，还有酸奶，糜子面7东斗（东斗是怎样一种量具尚不明确），做克食用；海子内酸奶子30斤，做引子用；庆丰司牛圈奶子50斤，共做60日，共用3000斤，合宫中每日要用100斤，如何制作，成品什么样，现在已经不得而知了。再比如每年节令时，都会有元宵节的元宵、端午节的粽子、中秋节的月饼等，但令人想不到的是，这些小吃都有专门的牛奶制品。也是道光朝的一份御茶膳房档案，茶房呈报"粽子、月饼、花糕、元宵、寿桃、春卷每品各用奶子80斤，每年各一次"，每一份小吃都要用80斤牛奶，如此巨大的用奶量，着实让人吃惊，而对照嘉庆时重阳节的花糕，每份用奶100斤，看来这还是道光皇帝厉行节俭之后的数量。而月饼、元宵等物以奶为馅儿，我们现在看着已经不新鲜了，但粽子、春卷用奶制品做馅，恐怕今天很少有人能吃得惯了。什么样的月饼、元宵，动辄要用几十斤上百斤的奶，也实在令人难以理解。当然，这里边很可能有不少内务府自己的猫腻，他们贪污的故事可是太有名了。据档案记载，同治十三年，宫廷所用的大葱报价240文每斤、菠菜300文每斤，而嘉庆元年的一份内务府档案记载，当时的葱每斤7文、菠菜每斤12文。内务府报价注水是常事，即便如此，80年间报价竟然涨了几十倍，也实在太惊人了。再对照清末民间物价的调查来看，1900年八国联军入侵，这是北京物流最不发达，物价最高的时候，但1斤羊肉的价格仍然不足宫廷大葱的一半，是菠菜的三分之一，可见内务府及相关太监的回扣拿了有多少，当然这又是另一段故事了。

各宫主位的茶房会专有一批人来伺候跟奶相关的差事，以光绪二十年储秀宫茶房档案为例：

牵牛官四名，八品顶戴六两钱粮茶役于长顺，五两钱粮茶役三名，二两钱粮茶役八名，一两钱粮茶役二名，效力茶役八名，三两钱粮委副护军参领衔承应掌景安，二两钱粮承应人六名，效力茶役六名，内牛圈六品顶戴德山，请乳人二名。

当然，当时的储秀宫茶房是慈禧太后位下的，等级最高，人员也最多。不过伺候一个人用奶，所用人员就有 42 名，且地位最高的一名茶役就有八品的官衔，管牛圈的厩长就有六品的顶戴，俨然可以和一县的父母官平起平坐了。而且我们看，其中有三名茶役的工资达到了每月五两银子，要知道八旗劲旅中的一名骑兵，在旗人里算是高工资了，每月工资也不过三两。俗话说"宰相门前七品官"，这不过是个夸张的说法，但与宫里管牛的人一比，实在是小巫见大巫了。不过，这倒是足见奶制品在御膳中的重要性了。

金水河

各有所好的酒醋房

酒醋房也是御茶膳房里一个重要的制作部门，要提供后宫每日所用的酒、醋、酱和酱菜，以乾隆四十一年的档案为例，共有玉泉酒、白酒、酱、清酱、面酱、醋、酱整瓜、酱黄瓜、酱茄子、酱苤蓝、酱胡萝卜、酱瓜条、姜、豆豉、包瓜、糖蒜等项。其中酒醋房自制的各种酒也很有意思，清代皇帝基本没有贪杯的现象，但后宫中关于酒的趣事却有不少。

比如爱配药酒的雍正，在他当王爷的时候，就常与道士往来，他酷爱炼丹等神仙方术，而且还特别喜欢配制养生药酒，清宫里记载的补益药酒，比如龟龄酒、松陵太平春、春龄益寿酒、八仙长寿酒、五加皮药酒、状元露、黄连露、青梅露、红毛露、参苓露等，大多与他有关系。雍正八年的时候，他还特意让内务府去他的潜邸雍和宫查看当年他配制的药酒的情况，吩咐如果没过保质期，仍旧调入宫内饮用。世宗在位时，首创了清宫过年明窗开笔的仪式，也就是说过年的时候，大年三十那天皇帝要封笔，休息一天，等正月初一要有个开笔仪式，以示我又上班了，这个仪式所用的东西就两样，一管万年竹枝笔，一杯屠苏酒。虽说屠苏酒在古代中原地区就开始用于新年，宋代王安石便有"春风送暖入屠苏"的诗句，但真正把屠苏酒用于宫廷新年礼仪的则是雍正帝。这屠苏酒便是地地道道的药酒，内中含有大黄、桔梗、白术等多味中草药，炮制工序复杂，有祛除瘟疫的效果。

比如独爱玉泉的乾隆、嘉庆父子，清高宗生性喜好附庸风雅，生活上的诸多事务，总爱在古代文人士大夫的情趣中找出说辞。他曾命人检测天下名泉的水质，京西玉泉山的水名列前茅，由此定下了皇家每日饮用玉泉山山泉水的习惯。众所周知，好酒的关键在于水质，于是乾隆便以天下第一泉的水来酿酒，在每年春秋两季泉水最清的时候采酿酒水，以南糯米、淮麹、豆麹、花椒、酵母、箬竹叶、芝麻为酒方，特制出了玉泉酒。此后无论平时用膳，还是宫廷宴飨，玉泉酒毫无例外地都是皇上的首选；到了嘉庆朝，皇帝更是喜爱此酒，在不提倡饮酒的清宫里，他仍然时常一天半斤、一斤地喝，嘉庆表面上看着温文尔雅，但就这酒量，可见也是个性情中人。

再如慈禧太后的莲花白，到了晚清，玉泉酒虽然依旧是清宫中最常用的酒，不仅用于饮馔，而且在做菜时当料酒。不过，每到夏季，一种叫莲花白的酒又成了慈禧的新宠，常常用于赏赐她的亲信大臣。《清稗类钞》载：

> 瀛台种荷万柄，青盘翠盖，一望无涯。孝钦后每令小阉采其蕊，加药料，制为佳酿，名莲花白。注于瓷器，上盖黄云缎袱，以赏亲信之臣。其味清醇，玉液琼浆，不能过也。

也就是说，瀛台附近的荷花花心都让慈禧派人给揪光了，再配上一些中草药，专门用于酿造此酒。虽说《清稗类钞》里的一些内容属于道听途说，并不可信，不过莲花白确实一度成为北京人极为喜爱的酒。我记得大约在 30 年前还能见到这款酒，北京葡萄酒厂酿造，大概是 49 度，后来就渐渐消失了，可惜那会儿我还小，没尝过，不知道是个什么滋味，据说味道浓郁，且有一股清甜的药酒香，现在一些超市里卖的莲花白酒是河南产的，与当年宫里的莲花白貌似是没有什么关系的。

您叫进膳，我叫吃饭

皇上吃饭叫进膳，一般人吃饭就只能叫吃饭，这是因为膳这个词的等级高。在处处突出等级的清宫里，除去后宫主位，在御茶膳房的管辖下，给其他人做饭的地方就统称饭房，即便是贵为皇子，也要有严格的尊卑区别。嘉庆在《国朝宫史续编》里明确规定，"皇子皇孙娶福晋后则有饭房"，皇子结婚后，要在宫里单立一户，就要有对应于他们身份的各项待遇，而他们再用膳房就不合适了。也就是说，即便是在皇帝自己的小家庭里，每一处的等级都要厘清。

　　皇子用的虽是低等级的饭房，但内中的工作人员却有可能最容易得到升迁当官的机会。比如道光二年的一份档案显示，宣宗的弟弟瑞亲王绵忻已成年并分府出宫，他饭房的一应人等如饭房达，达（满语，头目之意）即负责人，成了四品典仪官；7 名柏唐阿（有官身而无品级的职务），有的成为二等护卫，有的成为内管领，有的则成为六品典仪官；连绵忻茶房里的承应人，都有了八品的职衔。当然，这些官衔和职务都是新建王府里的差事。新皇登基后，已经成年的弟弟们就不便在宫中居住，都要出去开牙建府，有自己的王府，原来在宫里伺候他的那些老人儿，当然就成了王爷最信任的人，也要给予一定的封赏，并授予更重要的任务，做饭的事完全可以再组织一套新班子。这种机会，恐怕只有跟着皇子皇孙们才会有，即便御膳房的菜做得再好，御厨也就是得到的赏钱多些，当官基本就不用想了。

　　除了后宫，前朝的各处侍卫以及一些官员，也都有他们各自日常的饭房，而且伙食标准也不低。比如侍卫，《道光十九年正月份侍卫饭房用过羊肉斤两数目等清单》中就记载：

　　　　蒙古事侍卫八员，粘杆侍卫三员，按达哈哈珠子四十一名，弓箭达二名，番役达一名，每名每日食羊肉十两。初二至初八，初十至二十九，此二十七日，共用过羊肉九百二十八斤二两，粘杆柏唐阿二十二名，弓箭匠役九名，番役四名，每名每日食羊肉六两。初二至初八，初十至二十九，此二十七日共用过羊肉三百五十四斤六两，鞍库达一名，每日食羊肉十两，鞍库匠役六名，每名每日食羊肉六两。柏唐阿饭一份，每日食羊肉十一斤四两。初六至初八，初十至二十九，此二十三日共用过羊肉三百二十四斤十四两。以上通共用过羊肉一千六百七斤六两。

　　这份档案记载的侍卫职级都比较低，即便如此，最少的一日也可食用羊肉6两，最多的则可用羊肉11斤4两，而且这份记载还仅限于羊肉，由此一斑可窥全貌，看来在宫里当差的待遇还是相当不错的。

御茶膳房除了供应宫内的饮食以外，宫内外的大量祭祀供品也由它来负责。根据光绪二十年的一份档案记载，该年三月，仅奉先殿供奉祖先所用的食材和佐料就有玉笋、鳎鱼、羊肚、猪腰子、栀子、榛仁、花椒、大料、活鲤鱼、腌鱼花椒，此外还有寿皇殿、中正殿、弘仁寺、圣化寺、慈佑寺、嵩祝寺、阐福寺、雨花阁、宝谛寺、永慕寺、清净化城塔、御花园祭祀、养心殿念经、大高殿等很多地方，一年之中，这样的供奉非常多。

食材以外，鲜花也是御茶膳房需要提供的一项重要物料。光绪朝的一份档案记载，皇上万寿庆典的大宴要用大宴花、陪坐宴花、云牌花，法渊寺殿前要用牡丹花供奉，寿皇殿前要用牡丹花供奉，西黄寺殿前也要用牡丹花供奉，英华殿前要用富贵长春花供奉，城隍庙殿前要用富贵长春花供奉，嵩祝寺殿前要用牡丹花供奉，等等。而且供奉所用的花，每处多少对，花高多少尺，都有非常细致的要求。

当然，御茶膳房的故事还有很多，在此我只能挂一漏万地进行简要的介绍。为了迎接紫禁城600岁的生日，御茶膳房即将作为"瓷器仓储展"向公众开放，那些宫廷美食已经随着历史的烟尘远去，但希望通过故宫博物院精美的文物展品，能够让我们遥想到当年皇家饮馔的盛况。

小厨房美食榜：那群男人凭什么能拴住慈禧的胃？

吃货特权——小厨房

很多清宫戏里，在膳房以外，后妃们吃饭的时候还常常提到一个小厨房，而且剧中嫔妃的小厨房都能做出一些特别精致的菜品、点心，让人特别神往，这小厨房是怎么回事呢？说白了，就是吃腻了宫廷膳房的菜，想换换新花样。出于保证饮食安全的考虑，膳房的厨师都选自内务府包衣籍，是天子家奴，世世代代效力于宫廷，自然放心可靠，他们属于端着体制内的"铁饭碗"。但往往这种状况年深日久，制作出来的东西就不免缺乏新意，人员也缺乏动力，膳房的食材虽然精良，但做出来的饭菜并不一定好吃，就连小朝廷时期的溥仪，都特意给自己办了个西餐的小厨房。所以后宫设立小厨房，就一定要从民间特聘一些有名的厨师，进宫充当临时工，称为"效力"，专做一些他们拿手但宫里又没有的饭菜，而且他们拿着高薪，创新积极性也比较高，常常能做出些不一样的味道。

不过，小厨房不是谁都能有的。我看有的电视剧里好多后妃利用小厨房，给皇上进献不同的好吃的，小厨房就好像是宫斗剧里的兵工厂，专门支援在前线冲锋的娘娘，估计这种想法还是来源于那句话，"要想拴住一个男人的心，就得拴住他的胃"。这想法是挺好的，但是现实里其实不那么方便。

从历史文献来看，其实后妃能办小厨房是极少见的，后宫里只有个别人才会动用这种"特权"。所谓"特权"，倒并不是皇上许不许的问题，而主要是看她有多大财力，由于清宫制度基本断绝了妃嫔与娘家之间的财务往来，娘家再有钱，也送不进来，所以一般的后妃没那么多份例银子，自然也就无力设立小厨房了。从文献记载来看，后妃想改善伙食一般有四种方式：其一，用自己每月的份例银子让膳房再单做一份；其二，用自己的份例银子让太监或宫女单做一份；其三，拿自己的份例银子让太监去宫外重新买菜重新做；其四，用份例银子在宫里再设办一个厨房。但大部分后妃还是没有能力办成小厨房的规模，只是简单的他坦，关于他坦我们下面还会有进一步的介绍。当然，无论是哪种方式，都只能作为膳房饮食的补充，膳房的菜品还是每天照常该怎么做就怎么做，即便是一口不吃，也不能停工，尤其是有小厨房的后宫主位，常常就是膳房做一份，小厨房做一份，膳房那份往往就全部赏给别人了。在清宫里，只有极少数地位高、资历深的人才有实力设置小厨房，我们现在能明确知道有小厨房的人，有慈禧太后、同治帝的孝哲毅皇后、淑慎皇贵妃，还有小朝廷时期的端康皇贵妃（光绪的瑾妃）。

清代最有名的小厨房莫过于慈禧太后的西膳房，它独立于她自己的膳房，由总管太监管理，据说能做点心400多种，大菜4000多种！西膳房下设机构也参照膳房的五局，即荤局、素局、饭局、点心局和饽饽局。不同的是，小厨房少了一个挂炉局，多了一个饽饽局。平日的挂炉鸭、挂炉猪与膳房区别不大，可以照用，而原有的点心局里，又分出了一个饽饽局。都说女人吃甜点会有另一个胃，从慈禧太后身上，我们就可以看出此言不虚。原本宫廷的点心已经非常丰富了，但为了做得精专，吃出点特别的味道，在宫廷饽饽房、茶房、点心局以外，老佛爷还特意在自己的小厨房专设饽饽局，可见她对糕点情有独钟。

能拴住老佛爷胃的三个男人

在慈禧统治的48年中，众多的御厨里有三位是最有名的，一位白案师傅（主做面食、点心），两位红案师傅（主做大菜）。御厨谢二应该是慈禧最宠爱的面点师傅了，他是太后茶房总管太监谢文福的弟弟，后来被招进西膳房做临时工，哥儿俩一个在宫内承应茶点，一个曾是民间的名厨，大概面点的手艺是家传的。据说谢二有两样拿手的美食，颇得老佛爷的心意。一个叫油性炸糕，从记载来看，和我们现在常见的炸糕非常相似，也都是油和面，包馅儿后炸酥。但跟今天的桂花豆沙馅不同，小厨房的炸糕馅儿是白糖、芝麻、山楂和少许奶油。看来慈禧和当时的大部分满人一样，对奶制品极为青睐，连炸糕都要放奶油。

除了炸糕，谢二还有一样拿手的，便是烧麦。从记载来看，他的烧麦皮薄馅香，用的是猪肉口蘑，从用料上来看，猪肉加口蘑肯定好吃，既鲜美又不腻口。不过烹饪确实是门艺术，同样的配比，同样的操作，换一个人来做，味道就可能差很多。据说有一年慈禧太后去清东陵，小厨房随行，但吃了烧麦之后，感到味道差了很多，一问才知道，原来是谢二有事没能随驾，改由刘大烹饪，老佛爷顿时就怒了，以"不用心伺候"之罪，赏了刘大一顿好打，又急急忙忙传旨让谢二即刻赶到东陵，随时伺候。

红案上的两位御厨就更加有名了，他们所创的名菜也流传非常广。一位是号称"抓炒王"的王玉山，现在最著名的宫廷菜"四大抓炒"，也就是抓炒里脊、抓炒鱼片、抓炒虾仁和抓炒腰花，便是他发明的。另一位御厨叫张永祥，他的拿手菜品是镶银芽、

抓炒里脊

抓炒鱼片

抓炒虾仁

抓炒腰花

镶扁豆，其实就是在豆芽菜和扁豆荚中塞进肉馅，在民间的知名度很高。

说句题外话，两位御厨中的"抓炒王"王玉山，他的手艺不仅深得太后之心，后来还造福了社会上的广大食客。1925 年，紫禁城已经改成了故宫博物院，他跟其他 5 位御厨下岗再就业，一起在北海公园开了一家仿膳茶社，专做宫廷美食，成为北京最早做宫廷菜的老字号。特别是从 1958 年起，几十年间，仿膳成为接待各国元首的常用餐厅之一，四大抓炒也成为国宴餐桌上的常客。

慈禧小厨房的美食非常丰富，除了三位御厨呈现的诸多菜品外，还有诸如小窝头、饭卷子、炸三角、鸽松菜包、和尚跳墙、炸响铃、樱桃肉等，不一而足，很多名菜我们今天在很多地方都能够吃到。当然，今天我们吃到的和当年老佛爷吃到的，肯定还是有一些差别的。

小厨房是后宫极少数人的"特权"，但大部分嫔妃和皇子们都想丰富自己的饮食，所以他们各自依财力纷纷在自己宫内设立他坦，可以说小厨房算是他坦的升级版。乾隆三十年，皇帝在处置自行剪发的继皇后时，从生活上削减她的待遇，就吩咐把"外头的它坦也散了，每日只吃茶膳房茶饭，她的个例也用不完"，可见贵为皇后，也没有小厨房，只是自己设立一个他坦，丰富一下日常饮食。尽管他坦并不像小厨房那样"特权"化，但也并不是所有人都能办得了的。有一份嘉庆元年时的档案，就显示了当时他坦在后宫的分布状况，皇后、贵妃、诚妃、莹嫔以及阿哥所在的宫均有他坦，而当时嘉庆的后妃里，还有荣常在和春常在两位，她们则没有他坦，可见贵人以下这些身份偏低的后宫主位，是无力设办他坦的，只能按自己的份例，吃膳房的伙食了。

所谓他坦，在档案里又常写作"它坦""他他"，即满语（拉丁文转写为 tatan），宫里传下来的语音，一般读"他他儿"，本意是宿营地，引申为办事地或办事处的意思，给各嫔妃承应茶点或者一些特色的饭食，大概可以叫作茶点处。和小厨房一样，他坦也可以有外聘厨师，他们拿腰牌在宫内行走，是执行上下班制度的临时工。不过乾隆四十一年时有一份档案显示，以前一些帮厨的杂役"向来俱系自行雇佣"，之后都由官方提供这些工作人员，只能从内务府内管领下挑选。大概是出于安全和信任的缘故，技术工种的厨师可以外聘，但只干粗笨活的苏拉（即杂役）则只能出于皇家的包衣。不过，他坦所用的人员也确实比较多，不免鱼龙混杂，嘉庆元年的时候，寿康宫（即刚刚退位的乾隆的那些后妃们）各处他坦，就有苏拉 105 人、厨役 68 人。

后妃和皇子们的他坦在他们各宫里的位置相对比较统一，我在翻阅内务府营造司的档案时，不时可以看到修补他坦房屋的奏报，不少他坦在各宫的东南角。这种设计倒是很科学，老北京有句俗语"有钱不买东南房"，四合院的东南，采光和空气流通方面的条件，在所有房屋中均属最差，北京地区多有西北风，东南处正是风吹最劲的地方，不过做饭产生的炊烟也正好不会吹进宫内，而后妃也不会受到干扰，正是厨房的最佳位置。所以，以此可以推理，各宫的膳房大致也都设置在东南处。

西学圣地武英殿：斜杠学霸康熙帝的杯酒人生

红酒达人康熙帝

康熙四十八年三月和康熙四十九年二月，江西巡抚郎廷极、闽浙总督梁鼐和两广总督赵弘璨都纷纷向康熙帝上了折子，所谈的事情都是西洋人向宫廷进贡葡萄酒的事。从奏折的行文来看，素来自律的康熙帝，此时已经"沾染"上了酒瘾，只要西洋人有红酒，地方督抚就立刻向北京"星夜驰送"，郎廷极更是派了自己的儿子郎文然亲自押送，在给两广总督的批复奏折上，康熙帝还说了一句"近夏月西洋船到时，问明速报"，可见他对红酒的迫切需求。

在西洋传教士殷弘绪的信件里，我们得知康熙帝当年常喝的是一种产自加那利群岛 Canarie 的红酒。加那利群岛在 15 世纪之后便属于西班牙在北非地区的领土，前两年西甲联赛还驰骋着一支叫作"拉斯帕尔马斯"的队伍，便是加那利群岛最大城市的球会。西班牙占领了该群岛后，便开始种植葡萄用于酿酒，现在主要用于酿酒的葡萄品种为黑雪利（Listan Negro）和黑摩尔（Negramoll），所产的红酒主要有传统的浸渍葡萄酒和玫瑰红葡萄酒，主要行销于当地的旅游中心区和附近的城镇，但历史文献当中并没有说明传教士当年为中国皇帝选用的是哪一种。

在康熙四十八年之前，很少见到清宫里饮用葡萄酒，现在很多老年人还都喝不惯红酒，已近耳顺之年的老皇帝怎么突然爱上了红酒这样的洋味道了呢？其实，在康熙帝看来，他喝的不是酒，而是药。在康熙四十七年，清廷发生了废太子事件，此事震动朝野，并导致老皇帝患上了心脏病，身体每况愈下。按殷弘绪的说法，"皇帝病情日沉，健康日衰，中国大夫束手无策"，于是康熙帝将希望寄托于西洋传教士，并通过他们找到了一位精通药理的耶稣会会士罗德先，专门为皇帝调制了一种胭脂红酒，使他的病情得到控制。所谓胭脂红酒，其实是一种用海外浆果调制的葡萄酒，康熙帝渐渐康复后，还特意遣人在国内四处访寻，但都没找到。从此以后，这位一向不嗜酒的皇帝便开始将红酒作为日常保健的佳品，还特别在宫廷中开辟了一个专门存放西药、洋酒、花露，并进行一些科学实验的地方。

故宫里的武英殿处于紫禁城的外朝区域，是故宫中轴线以西的一处重要建筑。明末的李自成曾在这里称帝；清初满人入关时，这里又成了多尔衮的办公室，很多重大历史事件都在这里发生。到了康熙朝，随着宫苑的重建完成，以及宫殿的使用有了比较明确的制度，武英殿的政治功能就渐渐消失了，皇帝慢慢把文教相关的事务挪到了这里。清嘉庆时姚元之著有《竹叶亭杂记》，书中记载：

> 武英殿有露房，即殿之东梢间，盖旧贮西洋药物及花露之所。甲戌夏，查检此房，瓶贮甚多，皆丁香、豆蔻、肉桂油等类。油已成膏，匙匕取之不动……旧传西洋堂归武英殿管理，故所存多西洋药。此次交造办处而露房遂空，旧档册悉焚。于是露房之称始改矣。

按这段记载，武英殿的东梢间即早年的"露房"，当初是康熙帝西洋堂的一部分，与西方科技相关的东西大多收纳在这里。所谓露房，按明代万历时期意大利传教士熊三拔著《泰西水法》所载，西药学中有用蒸馏的方法从草、木、果、瓜、谷、菜当中提取药露，露房便是以制作药露为主的实验室。所谓东梢间是这样一个概念，传统房屋，正中有门的那一间房称为"明间"，明间两侧的房称为"次间"，次间再两侧的房则称为"梢间"。武英殿明间以东的第二间房，便是这间实验室的所在地了。

武英殿平面图

红酒、蒸馏的药露、实验室，这有点超越人们对一位中国古代皇帝的想象了。康熙帝是一位很有成就的帝王，人们对康熙帝还是比较熟知的，他八岁登基，擒鳌拜、平三藩、收台湾、征噶尔丹，这些生平事迹，不少人都略知一二，民间还流传着很多关于他体察民情、励精图治的故事，有一些还被编成了影视作品，在老百姓中间广为流传。但很多人可能并不清楚，他还是位西方科技的学霸。

斜杠学霸康熙帝

康熙帝一直对西方医药有着极为浓厚的兴趣，并有很多相关探索和研究。比如，种牛痘的试验。天花是当时极为可怕的传染病，传说顺治皇帝就死于这一疾病，举国上下对此都束手无策。当康熙帝向传教士学习到种牛痘可以预防天花时，他便于康熙二十年开始尝试种痘防疫的方法，先在江西民间进行试验，屡获成功后，还为科尔沁、鄂尔多斯等地的蒙古王公贵族种痘防疫，收效显著，后来又把这种防疫方法引进宫中，为自己的皇子皇孙接种。他曾得意地说："国初人多畏出痘，至朕得种痘方，诸子女及尔等子女皆以种痘得无恙。"不过可惜的是，康熙以后，种痘防疫的方法又渐渐失传，连宫里的阿哥、公主们患上了天花，也只能靠挂彩等祈福的办法从精神上"治疗"了。

再如，康熙帝曾在宫廷里研发西药。法国传教士白晋在《康熙皇帝》一书中曾谈道，在西洋传教士的指导下，皇帝不惜重金命内务府造办处设置了各式实验器具，研制不同种类的西药，他还时常亲临监督。造办处由此也陆续生产了很多药品，康熙帝还时常把这些自产的西药赐给自己的大臣。康熙三十二年，康熙帝患疟疾，有传教士洪若翰、刘应进献金鸡纳霜（奎宁），他服后，病情迅速见好，由此命西洋人教授制药方法。此后，宫廷便能自制金鸡纳霜，康熙帝也常以此药赐予大臣。康熙的近臣曹寅在其晚年病危时，曾托苏州织造李煦向康熙帝求药，康熙帝立刻命人带药"星夜赶去"，并在回折上嘱咐"若不是疟疾此药用不得"。可惜的是，药未到，人已亡。康熙三十五年，他将自制西药"如勒伯伯喇尔"赏给黑龙江将军萨布素和梅勒章京巴林；四十四年，他又以此药治疗保寿阿哥的脾胃病。

康熙帝对西方科技的兴趣绝不仅限于医药，而武英殿除露房以外，其实还承揽了圣祖皇帝更多追求科学的任务。从康熙年间开始，武英殿成为清代最重要的皇家出版社，人们耳熟能详的《四库全书》《古今图书集成》等名作都是在此刊刻的，康熙还在此刊行了众多关于西方科技的著作。

在西医方面，康熙帝令人翻译了《钦定格体全录》。这是一部关于人体解剖学的著作，书中详细介绍了人的肢体、骨骼、血管，而且还配有极为详细的解剖图。但在人们深信"身体发肤受之父母"的文化背景下，这本书的内容太过敏感，只译成了满文本，且没有广泛发行。

在数学方面，康熙帝一直师从白晋等西洋传教士，在代数、几何方面都有着很高的造诣。他对此有着极大的兴趣，不仅自己撰写了《御制三角形推算法》和《钦授积求勾股法》两部著作，还专门主持编纂了《御制数理精蕴》一书。当时最著名的算学家梅文鼎著有一部《历学疑问》，托大学士李光地上呈皇帝预览，康熙帝看后指出，"所呈书甚细心，且议论亦公平，此人用力深矣"，并在书中做了很多批语。此后康熙帝还专门召见了梅文鼎，专门讨论数学问题，他堪称当时中国一流水准的数学家。

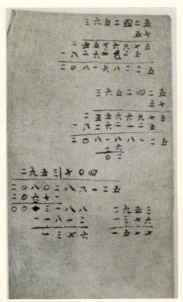

康熙算草纸（中国第一历史档案馆编《清代文书档案图鉴》）

康熙帝的兴趣非常广泛，他还写了一本跨越多学科的札记《几暇格物编》，这本书包括了天文、地理、动植物、矿产、医学等很多内容。在大多数人还认为天圆地方的近 300 年前，他就已经接受了地球这样的概念，并在书中对此进行了介绍；他还以雷声为源头，测算过音速的传播范围。康熙帝甚至还把自己解剖冬眠的熊的过程，写成分析报告，在《食气》一篇中，他谈到熊之所以能冬眠，是由于它在冬眠之前摄入的食物够多，对中医向来所说的"熊能引气，故冬蛰不食"，他是不信的。但在亲自解剖验看之后，发现冬眠时的熊腹中"净洁无物"，以西方实证的方式验证了传统医学理论，并由此还引申论述了关于道家练气的问题，即"食气内息"之术可以"两三日不食不饥"。

康熙帝不仅自己在西学方面颇有建树，而且一些证据显示，他对皇子们也进行过这方面的培养。雍正八年，胤祯就曾回忆当年老皇帝率领诸皇子在乾清宫观测日食的情景，为了让孩子们看得更清晰，还专门在"千里镜"（望远镜）四周夹纸，以遮蔽刺眼的阳光，达到更好的效果。只可惜，后代的皇帝们都没有保留下这些学习科学的兴趣，老父亲培育他们的一些技能，却成为政治斗争的工具。

"九龙夺嫡"是很多清宫剧和清穿小说都喜欢采用的素材，在雍正和八爷党斗争最激烈的时候，拉丁文却出人意料地出现了。雍正三年，皇上截获了一封九爷允禟从青海写给八爷允禩的密信，信件使用了允禟编造的"密码"，这使胤祯极为震惊，没想到八爷党竟用了敌国奸细所用的手段与己为敌，足见其顽抗到底之心，于是便出现了后续革除允禩、允禟宗籍等一系列的残酷清洗手段，这封密信和"密码"在某种程度上成了压倒八爷党的最后一根稻草。

其实在如今略懂满文的人眼中，当年所谓的"密码"并没有那般机密，不过就是以拉丁文的字母来拼写满文而已，这也是当下学习满文最重要的方式之一。比如ᡤ（格格），以拉丁文转写，即"gege"；ᠠᠮᠠ（阿玛），以拉丁文转写，即"ama"。允禟所编写的"密码"其实就是这个意思，但在当时极为罕见，可惜他们瞒得过别人，却瞒不了雍正帝。因为在康熙帝的培养下，诸皇子多多少少都懂得一些拉丁文，程度深浅不好说，起码胤祯对字母的发音肯定是掌握的，于是这样的密信对他而言，也就没有什么秘密可言。让人嗟叹的是，当年慈父对孩子们的悉心教导，到了这时却成为兄弟相残的工具。

康熙帝西学方面的成就之高，在当时的中国是非常少见的。一个皇帝虽有如此的爱好，又有如此高的造诣，但并没有改变中国日趋落后的科技水平，100多年后在西方的坚船利炮下，中国被迫打开了大门，诸多史学家对这一现象都做过自己的总结。有学者认为西学只是皇帝的个人爱好，他更关注的依旧是怎样以儒家思想使天下繁荣安定，这些科技对于他来说只是一种消遣，就如同以往的后唐庄宗喜欢赏曲、宋徽宗雅好书画一样。只不过他的这种消遣，显得那么不一样而已。

再如有学者认为康熙帝对西方科技只存在"致用"，并未将其上升到"学"的程度，所以也就缺乏传播。他最早接触到西学，是由于著名的历法之争，就是在南怀仁与杨光先对天文历法的测算中，康熙帝深切感受到了传教士带来的新法更加实用，而后来西方传入的"红衣大炮"在平灭三藩中的重要作用，更让他坚信了这一点。正如他后来与巧克力的故事展现的那样，即便是西洋传来的食物，他都希望其能拥有药学上的价值。康熙四十五年，有西洋人进献"绰科拉"，即今天常见的巧克力。但皇帝并不在意其味道如何，更关心的是它有什么医用功效。当有人告诉他此物并无太多的药用价值，只是一种食品时，皇帝立刻便说"绰科拉不必送"。很明显，他对没有实用价值的舶来品毫无兴趣。

在众多的分析中，我最为认同的一点，是康熙帝对西学的态度凸显了他的帝王心术。康熙帝是入关后的第二位皇帝，满汉之争、华夷之辨是这一时期极为重要的社会背景思潮，一位满洲君主入主中原，需要中原士大夫在文化上的认同，获得教统上的认可，但无论他再怎么精于儒家经典，也无法在思想上驾驭那些汉臣，而此时传教士们带来的西方科技则授予了他一柄实用的利器，他屡屡以西学在汉臣面前尽显自己的渊博，每每以西洋的新奇玩意儿捉弄汉臣来展示自己的御人之能，他勤奋地学习数学、物理，似乎更像是为了用中原没有的学问，来摆平以文化先进而自居的汉族士大夫。而反过来，康熙帝又推行"西学中源"之说，淡化中西之争，让士大夫们更心悦诚服地为这位英明君主效力。在一个皇帝眼中，在天下初定之时，哪有比社会稳定更重要的呢，作为一个满洲人，在文化上并没有那么强烈的固本攘夷思想，西方之学何尝不是一剂安抚士大夫们的良方。

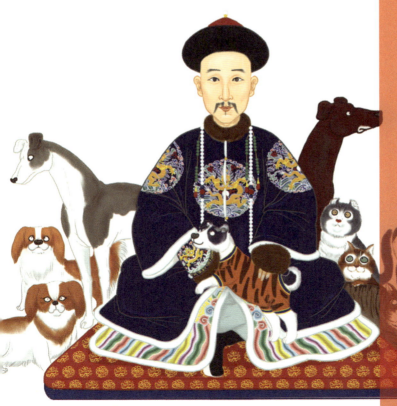

故宫萌宠天团：谁不是紫禁城真正的主人。

因笨出宫的猫咪公敌

　　热爱动物是人的天性，放眼望去，如今吸猫吸狗的队伍遍及各处，且日益壮大。而紫禁城故宫里的猫更是成为网红一般的存在，据说故宫里的猫有 200 多只，很多人到此游览，都会被它们的萌态吸引，纷纷留影。这些宫猫不知是在何年何月聚集到这里，但它们应该受到了几代故宫人的厚爱。在他们的办公区，比如南三所、宝蕴楼等很多地方，都可以看到各种各样的猫窝和投喂猫粮的食盆。其实早在清朝，宫里的萌宠就非常多，并且很受人们的珍祝。

　　当时在清宫中，帝后不仅以养猫为乐，更专门编写了御猫档案，称为《猫册》，以记载爱猫的名字和生卒年。比如玉簪，生于二十六年六月，卒于二十七年十一月；墨虎，生于二十二年六月，卒于二十六年十月；芙蓉，生于二十二年三月，卒于二十七年八月。它们大多

故宫里的猫

宫中宠物册——《猫册》
（中国第一历史档案馆编《清代文书档案图鉴》）

是主人以其外形特征来命名的，墨虎应该是一只黑猫，芙蓉大概是一只白猫，但是从它们的生卒时间来看，好像不少御猫的寿命都不是很长。不过，由于宫里的御猫主要是女性的宠物，所以相关记载并不是很多。在道光朝的档案里，有一起案件，倒是能对了解宫廷养猫提供一些比较感性的认识。

　　道光十九年，延禧宫玲常在位下有一名叫大妞的宫女，因过门槛的时候，不慎将一只小猫踩死，玲常在既伤心又恼怒，命人打了几下大妞的脸，这事就算过去了。不几日，在喂猫的时候，大妞又不慎踩伤了一只小猫，导致它第二天也死了，玲常在更为愤懑，命人打了她胳膊几板子。可不承想，没过几天，宫女大妞与另一只猫发生了冲突，不知何故，猫抓了她，她也进行了反击，但反击得太有力了，猫受了重伤，在第二天也死了。我想这时候，玲常在也实在无奈，命人拿板子打了大妞的手掌。一个月之内，伤毙猫三只，玲常在痛失爱宠，宫女大妞惨遭责打，实在是倒霉至极。当月月底，大妞又犯了错误，踢坏了玲常在的洗手盆，她实在忍无可忍，亲手打了大妞，之后以"笨"为由，将大妞上交内务府送出宫去。当然，玲常在亲手责打下人，也触犯了宫里的规矩，被降为答应，但自己的三只爱猫在一个月之内，都被一个人误伤致死，不亲自动手，实在消不了胸中的这口恶气，这时候恐怕已经想不到自己将被如何处罚。从文献记载透露出的种种迹象来看，宫里的宠物大多是在一定范围内散养的，基本是以主人居住的宫苑为范围，否则宫女大妞过门槛的时候，是不会踩到小猫的。

衣服笼子虎套头，萌宠博主雍正很忙

除了御猫，清宫养狗也是颇为有名的，档案中有《猫册》，同时也有《犬册》，体例一致，也是记载它们的名字与生卒时间。不过相比于猫，貌似狗的寿命会更长一些，这可能与他们主人的地位也有一些关系。清代历史上的雍正皇帝就颇有爱狗之名，在宫廷档案中，常有他喂狗的记载。不过，世宗是清宫膳食档案的草创者，那

宫中宠物册——《犬册》
（中国第一历史档案馆编《清代文书档案图鉴》）

时的记录比较粗糙，常常是主仆、人畜都写在一起的。比如，雍正四年四月初一日：

> 万岁、皇后份例以外，添猪肉十七斤、鹅一只、鸭一只、鸡四只、笋鸡八只一次；念经喇嘛等饭食，添猪肉二十五斤一次；喂狗，添猪肉七斤一次；养心殿匠役九名，添羊肉一斤二两一次；养心殿匠役一名，常添羊肉二两近日添起……

像这样的喂狗记录，在雍正朝的档案记载中非常多，如雍正四年十月初九日，"小狗两条，常添牛肉十两，今日添讫起"；再如雍正四年十月十七日，"狗四条，常添牛肉二斤八两，今日添起"。从这些档案的记载来看，只要皇帝心情好，就时常会照顾一下自己的爱犬，档案中所说的"添"猪肉或牛肉，其实说的是在狗的日常饮食之外，再给它们加点菜。清宫中，处处有等级，人是这样，狗也不例外，无论是否吃得完，一定都有自己的份例。雍正朝关于狗的份例，笔者还未在档案中见到，不过有一份乾隆

六年的记录，应该大致相同。按档案记载：

> 每狗一条，每日食羊肠十两，奶狗每日食羊肠五两，每两作价银二厘……向广储司领银办买。

由此可见，宫廷御狗比较日常的伙食是羊肠，但在皇帝的关照之下，就可以有肉吃了，而且还会根据他的喜爱程度，有所差别。就像上文提到的那样，两只小狗，每天可以加餐 10 两牛肉；而四只狗，则每天的加餐一共才牛肉二斤半，也就是加个点心而已，薄厚立现。而且感觉那个时候的人显然对养狗缺乏知识，以现代人的观点来看，只给肉和内脏吃，也太不健康了。再有，清代皇帝表达关怀的方式，往往就是多送东西，就像对待他的后妃们一样，每天的饮食份例根本不是一个人能吃得下的，但为了表示关心，皇上就会再赏几个菜，这种心理和荣誉人能体会，可对于狗来说，它们又怎么感悟皇恩浩荡呢？

不过，雍正赏肉的这些狗有没有品种区别，档案中的狗和小狗，只是成年与未成年的区别，还是工作犬与宠物犬的区别，目前还没有切实的史料可以判断。《日下旧闻考》记载：

> 内养狗处在东华门内东三所前路东房，十有九楹。外养狗处在东安门内南池子之南房，十有五楹。

清代宫廷专设有鹰处、狗处，以供皇帝行围打猎之用，这里面所说的狗，养在宫外，应当是猎犬。在雍正朝的另一则档案中，又出现了截然不同的狗粮：

> 谕膳房，凡粥饭及肴馔等食，人不可食者，则哺猫犬，再不可用，则晒干以饲禽鸟。

以鲜肉豢养猎犬，用于工作，以剩饭喂养猫狗，用于宠物，这倒是很符合古人的思维。别看宠物狗在宫里吃的是剩饭，但皇家剩饭毕竟不同，在那个"狗行天下吃屎"的年代，已经算是不错了。可能在现代人眼里，狗的宫廷"御膳"还很不够规格，但雍正对它们的照顾绝不仅限于饮食，对爱犬的呵护，在很多方面都格外贴心，绝不亚于我们现在的萌宠博主。

内务府造办处档案就透露出很多雍正和狗的互动。首先，他对爱犬的居住条件有着很高的要求。雍正三年九月，他命造办处建造狗窝两座，并要求"外面吊氆氇，下铺羊皮"。氆氇是一种织得很细的毡子，用于给狗挡风，既舒适，又保暖，而养过狗的人也都知道，狗特别喜欢趴在一些毛茸茸的地方，所以"下铺羊皮"，让狗睡得更舒服，雍正的心思也是够细腻的，这明显源自他多年养狗的留心观察。

除了定制狗窝，雍正还给爱犬特制了狗笼。可能谁也想不到，造出一个他满意的笼子，竟然用了一年半的时间。"狗笼档案"最早出现在雍正五年三月，雍正传旨"做圆狗笼一件，径二尺二寸，四围留气眼，要两开的"，但很快，他发现笼子做大了，便又传旨"收小二寸，另做一件"。不久，为了爱犬的舒适，雍正又命人为狗笼配上了红色氆氇的面和白色氆氇的里。第二年，大概是为了新年新气象，在上年的基础上，他又对狗笼提出了一系列新的装修意见。首先，他为狗笼配蓝布垫一件、白毡垫一件，几天后，他又为狗笼做了一件深蓝色的"挖单"。所谓"挖单"，即满语ᠸᠠᡩᠠᠨ（拉丁文转写为 wadan），是"被单、盖布"的意思，也就是说他给狗笼做了个布罩子。一般来说，鸟笼都会配一个布罩子，这是根据鸟的特性设计的，罩上它之后，鸟不易受惊吓，可以保护羽毛、保持湿润等，但给狗也做一个同款的布罩子，就不知所为何故了。也可能是爱狗爱得太深，不仅别的狗有的，我们要有，连别的鸟有的，我们也要有。而半年之后，蓝色的布罩子已经看腻，雍正又命造办处做了一件红色布帘，时常与蓝色换着用，这才最终完成了狗笼的全部设计。

目前还不能确定雍正的狗笼子到底有什么样的用途，既然有了狗窝，为什么还要再配个狗笼子，但从狗笼最原始的设计来看，"四围留气眼，要两开的"，也就是说，狗笼四周是镂空的，冬天住着肯定冷，而前后开出两个门，更易于进出，而不利于休息，所以看起来并不像是狗的居所，可能是狗的"交通工具"。清代皇帝时常要到"园子"里常住，帝王的宠物狗常常也是带在身边的，慈禧太后就曾把自己的狗带到颐和园去，而从紫禁城到圆明园的途中，狗或许就是放在笼子里被运送过去的。当然，这只是一种猜想。不过如果连爱犬的"交通工具"都要几经设计，雍正的心思也是真够细腻的。

狗生在世，无非吃能饱食、住能温暖，有自己的"交通工具"，在那个年代，这已经是超豪华的生活待遇。除此之外，雍正还专门为它们定做漂亮的衣服，并且亲自参与狗的服装设计，放在今天，一定是粉丝最多的萌宠博主了。

雍正元年，皇帝就为他的"造化"（狗的名字）制作了四件衣服，均以良鼠皮为主料，其中"绉绸衬、白绫面、蓝纺丝里、画麒麟套头一件，虎皮面、蓝纺丝里、虎套头一件"，还有"狻猊马衣两件"。再如雍正五年，他又吩咐"给造化狗做纺丝软里虎套头一件。再给百福狗做纺丝软里麒麟套头一件"。装扮成瑞兽的模样，貌似才更能凸显爱犬的皇家风范。

雍正帝对狗衣的质量也非常用心，比如雍正五年，他说："原先做过的麒麟套头太大，亦甚硬，尔等再将棉花软衬套头做一份，要收小些。"又如雍正七年，他又说："给造化狗做的虎皮衣硬了，着再做软虎皮衣一件。"再如雍正七年，他下旨："虎皮衣上托掌不好，着拆去。再狗衣上的钮绊钉的不结实，着往结实处收拾。"总而言之，皇帝爱犬的衣服一定要合身、软和、结实。

对于狗衣的设计，雍正也是颇费心思的。雍正五年二月，内务府呈递了麒麟套头和虎套头狗衣两件，雍正帝在其基础上要求"将麒麟套头上着添眼睛、舌头，其虎套头上着安耳朵记此"。而很快，仅9天后，他对自己的设计又添了新花样，于虎套头上再添补两个虎爪，两天后，太监王太平交上了配有羊角虎爪的狗衣雍正帝方才满意。想想雍正帝的设计倒是很有意思。所谓虎套头就是虎头帽一类的东西，应该与周星驰电影《鹿鼎记》里韦小宝的那顶帽子很相似，如果再添上两个虎爪，一定会显得更加虎虎生风。更为有趣的是，就在设计这件虎套头狗衣期间，他又专门让造办处"将人穿的虎套头做一件"，目前还不知道他作何用途，但不是赏给阿哥，就是自己穿。以当时皇子的状况来看，赏给8岁的福惠是最有可能的，不过从存世的大量雍正 cosplay 的画作来看，他将这件虎套头留为自用，也不是没这个可能。总之，这件人穿的虎套头，不是他要搞"兄弟连"，就是要做"亲子装"，但无论是哪一种选择，都萌化了。

历史上雍正帝养的具体是什么宠物狗，目前还没见到明确的记载，不过从狗笼"二尺二寸"的大小来看，肯定是个小型犬。而雍正帝有一枚鼻烟壶，据说是按他的要求绘制的，上面画的就是几只哈巴狗，很有可能就是他的爱犬。中国宫廷自唐代便开始将哈巴狗作为宠物豢养，哈巴狗即我们现在俗称的京巴，清宫对京巴也非常喜爱，慈禧太后的一张照片里就有一只黑色的京巴。德龄在《慈禧太后私生活实录》中说："一天上早朝前，一个太监撞进来，跪在地上向老佛爷报喜：黑玉生了四只小狗。"虽然德龄对清宫生活的描述，杜撰的成分极大，但这个细节应该是比较真实的，慈禧照片中的黑色京巴，很可能便是这只黑玉。我们据此也可以推测，雍正帝以京巴为宠物是极为可能的。

从雍正的造化、百福和慈禧太后的黑玉可知，清宫的狗都是有名字的，中国第一历史档案馆就藏有清宫《犬册》的照片，上面记载着宫廷御犬的名字以及生卒年月。狗的名字有栀子、玫瑰、喜姐、柿子、如意、妞儿等，而有一只名叫"可怜儿的"狗，仔细一看发现，原来它只活了一年零七个月就死了。

故宫"动物园"

清宫里还有一种宠物，极富特色，就是虫。紫禁城里从来不乏爱虫之人，明代的宣德皇帝热衷于斗蛐蛐，天下闻名，民间有"促织瞿瞿叫，宣德皇帝要"之说。到了清代，宫廷里又流行起了蓄养冬虫的风尚。所谓"冬虫"，是通过特殊手段，人为地让春夏生长的昆虫在冬天反季节繁殖，把它们装进特制的葫芦里，揣在怀中，让它们鸣叫，又可以感受到夏天的生气了。敦崇在《燕京岁时记》里就说："冬夜听之，可悲可惜，真闲人之韵事也。"一般来说，冬虫以蝈蝈、蛐蛐、油葫芦等居多，古人将它们放置在葫芦里，冬天时，随身揣在厚厚的衣服里，可以随时听它们鸣叫。

有民间传说，说清代新年时，皇家会让一万只蝈蝈在太和殿同时鸣叫，寓意"万国来朝"，但可信度并不高。而在真实的历史文献中，宫廷养虫的档案记录非常少，不过清宫专门用于蓄养鸣虫的葫芦，存世者很多。为了能让鸣虫在严冬生存，又能携带方便，古人按鸣虫的生活习惯，用葫芦分别制成不同的居所，有鸡心底的，有平底的，文物界称之为匏器。这种葫芦主要是在它生长时套上模具，这样就可以长成人们需要的形状了。最为普通的以瓦为模，一般以七块瓦片拼凑而成；而宫廷葫芦则以硬纸为模具，待葫芦成形时，其表皮细腻到完全看不出模具在它身上所留下的任何痕迹，光洁如天成，这种宫廷制造的葫芦，被称为官模葫芦。有趣的是，还有不少葫芦，在塑形的时候，还会在硬纸模套上制出各种纹饰，使葫芦长好后，表皮上能够呈现出各色花纹，有花卉，有吉祥图案，更精细的甚至还有风景、人物故事，极为精美，如今已经成为极富价值的收藏品。

官模葫芦基本上只为皇家享用，大量宫廷匏器的存世，一方面说明宫廷养虫非常多，另一方面也说明宫里爱养虫的人也很多。多年前，我曾对北京鸣虫界的一位老师傅进行口述历史采访，他跟我说，在清代宫廷里，不仅皇帝养虫，后妃也有同好，而女性养虫的葫芦称坤葫芦，往往会比普通葫芦略小一些。这虽然只是民间的一种说法，但毕竟存世的官模葫芦就有很多，清代的皇帝一共就12位，除去关外的努尔哈赤和皇太极，这么多葫芦，皇帝一个人实在玩不过来，这也算是一种相对合理的解释。

除了上述三种宠物，清代宫廷豢养的动物还有很多。比如仙鹤，宫廷画中不乏仙鹤的身影，而且我常听我姥姥说，在20世纪40年代，她家住西四，每天去王府井上班，就是骑着自行车从中南海穿过，再从东华门到王府井，她说那时候的中南海里，常能看到仙鹤；再如梅花鹿，2018年故宫博物院恢复了宫廷养鹿的传统，而在乾隆年间的一份档案里，我还曾看到一名小太监在圆明园不幸被鹿角扎伤致死的报告；又如鹭鸶，雍正爱狗，其实也爱鹭鸶，档案中也不乏他给鹭鸶加肉的记载；复如园林中的虎豹、紫禁城里的鹰鹞等猛兽、猛禽，它们每日的饮食份例也都会记录在宫廷档案中。当然，皇家的动物还有很多很多，毕竟珍禽异兽自古便是宫苑的一大特色，也正是这些萌宠天团，使古人的血肉充盈起来，而非冷冰刻板的历史印象。

建筑陈设篇

低头不见抬头见：手把手教你秒懂故宫匾额

一招教你读懂满文匾额

去过故宫的朋友，一定都看到过形形色色的匾额。所谓"匾额"，横者为匾，竖者为额，有的悬于宫门，有的挂于大殿，以标明房屋或院落的名称。宫里的这些匾额，其实还有很多门道。我们现在看到的紫禁城，基本上是清代留下的。1644 年，满人入主中原，将原来明朝的匾额全部换掉，全部写上了满汉两体文字。所以在宫里，这样的匾额最为多见。汉字大家都认识，而像蝌蚪一样的满文，恐怕能读出来、讲出来的人就极少了。

其实紫禁城里的满语匾额主要是对汉语的一种注释，其最初的目的，就是要告诉那些不太懂汉语的满人这个地方是哪儿。现存的大量满文匾，主要是体现了这一实用功能，这些满语不过就是对这些地名汉语的直接标音。

比如乾清宫，明清两代都是皇帝重要的寝宫与办公地。现在是故宫的核心区之一。在它的殿额上，"乾清宫"三个汉字居左，满语也是三个词，居右，相互对应。其中"乾"字对应的满语是3，其拉丁文转写为"kiyan"；"清"字对应的满语是3，其拉丁文转写为"cing"；"宫"字对应的满语是3，其拉丁文转写为

乾清宫匾额

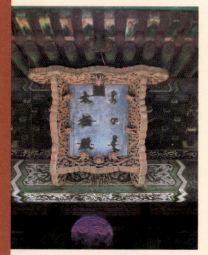

太极殿匾额

"gung"。满语是一种拼音文字，以字母为基本语音单位，只有轻重音，而无四声。19世纪末，德国的语言学家穆林德夫首创了以拉丁字母转写满文的方式，这也是现在学习满文最主要的方法之一。用拉丁字母标音，虽然不是我们熟悉的汉语拼音，但它的字母发音和英文字母的发音类似，只是拼法上有一些不同。比如我们熟悉的"香港"，其英文为"Hong Kong"，这其实就源于拉丁文的拼写。所以用拉丁文标音满语，我们普通人对它的读音也能看出个大概来。

诸如此类的满语匾额还有很多。如西六宫中的太极殿，原为启祥宫，清末时改建太极殿。其满文首字为ᡨ，对应"太"，拉丁文转写为"tai"；中字为ᡤ，对应"极"，拉丁文转写为"gi"；末字为ᡩ，对应"殿"，拉丁文转写为"diyan"。明显就是对汉文"太极殿"的满语标音。

再如，西六宫建筑群中的螽斯门，其满文首字为ᠵ，对应"螽"，拉丁文转写为"jung"；中字为ᠰ，对应"斯"，拉丁文转写为"sy"；末字为ᠮ，对应"门"，拉丁文转写为"men"，都是比较好认读的。

与汉字一样，满文可以竖着写，也可以横着写，而两种文字

螽斯门匾额

书写方式的差异会在横匾上更加凸显，也形成了故宫匾额的另一种美。古代汉字习惯于右起书写，也就是行文的顺序是由右而左。这是由于先秦时代造纸术还没有发明，人们将文字主要书写在竹简或木简上，竹木简都是一条一条的，写好一条便放在右手边，再写下一条，之后再穿成简，所以就形成了右起的书写方式。即便后来造纸术已经极为成熟，但从右到左的方式依旧没有改变。而满文创制得比较晚，明末时才有，自然就使用了比较便于在纸上书写的左起方式。所以，在满汉两体的横匾上，我们就可以看到相互对称的两种文字。

比如，慈宁宫花园里的宝相楼悬挂的就是满汉两体的横匾。上面的汉文居右，宝相楼三个字自右而左地排列，其满语居左，相对应的满文从左到右排列着。这三个字，即 𝑩，其拉丁文转写为"boo"；𝑺，其拉丁文转写为"siyang"；𝑳，其拉丁文转写为"leo"。两种文字正好以末字"楼"对称。

又如，养心殿院落的一个后门叫吉祥门，也是一块这样的横匾。不同的是，这块匾是汉文居左，满文居右，其满语字为 𝒁 𝒁，拉丁文转写即"gi siyang men",两种文字正好以首字"吉"对称。

在游览故宫时,抬头瞻仰匾额的游人很多,但他们大多会比较遗憾:汉文旁边的满语就像天书一样,完全不知该如何认读。其实如上文所示,故宫里的满文匾额大部分是汉字的直接音译,尤其是当看到匾额上出现宫ﮱ(gung)、殿ﮱ(diyan)、门ﮱ(men)的时候,基本上可以确定这是音译法的满语,不妨读出来,也算是赏玩之时的小游戏吧。

宝相楼匾额

吉祥门匾额

故宫匾额有几种?

上述都是满语音译匾额的例子,其实紫禁城里还保留了不少满语意译的匾额。在现今故宫博物院的开放区里,这类匾额大多存在于寿康宫、慈宁宫、宁寿宫等地,这些地方原本在清代属于养老区,并不在宫廷的核心区。以宁寿宫为例,即现在的珍宝馆景区,它的入口锡庆门,就是满文意译的匾额。

锡庆门匾额

这块匾额的满语首字，拉丁文转写为"urgun"，是"喜庆"之意；中一字，拉丁文转写为"isabure"，意为"聚合的"；末字，拉丁文转写为"duka"，是"大门"之意。

宁寿宫的外殿基本上也是满语意译的匾额。比如宁寿宫，其满语匾额为，拉丁文转写为"rikton jalafungga gurung"，意为安宁长寿的宫殿。

再如，皇极殿满语匾额为，拉丁文转写为"amba ten i deyen"，大致的意思是"太极之殿"，即以太极释义皇极。

比较有趣的是，宁寿宫的办公区都是满语意译的匾额，但后面的颐养区则又出现了变化。比如乐寿堂、颐和轩、倦勤斋等地，都是音译的满文匾额；尤其是畅音阁大戏楼的建筑群，匾额只有汉文，没有满语。至于原因，还有

宁寿宫匾额

皇极殿匾额

待进一步考察。

在故宫的核心区，只有一个地方的匾额是满文意译的，这就是东西十二宫里的长春宫。长春宫匾额上的满语是 4 个词，自上而下分别是ᡶᠣ、ᠨ、ᡝ、ᡤ，其拉丁文转写即"forgon enteheme obure gurung"。其中"forgon"意为季节；"enteheme"意为长久的；"obure"是一个使动词，大致意思是"让"；"gurung"即"gung"（宫）。大意是四季长久宫。

在整个故宫开放区内，匾额最独特的当属近几年开放的慈宁宫建筑群。大概是由于当年孝庄文皇后长居于此，她又是蒙古科尔沁王公的女儿，所以这里新建时，特意在匾额满汉字体上增添了蒙古语。我们现在看到的慈宁门、慈宁宫、徽音左门均是如此。以慈宁门为例，满语居中，左侧是汉文，右侧是蒙文。汉文采用的是篆字，区别于其他宫殿；中间的满文采用的是意译，与很多地方也有所不同，其自上而下的三个词分别是ᡤ、ᠣ、ᡝ，拉丁文转写为"gosingga elhe duka"，意为仁慈太平的门；对于右侧的蒙文，我并不懂，向我们所蒙古族同事晓春老师请教后得知，其大意与满文相似，也是仁慈、安宁的门之意。

悬挂满语意译匾额的地方，大部分是乾隆时期重建的。清高宗时，满人

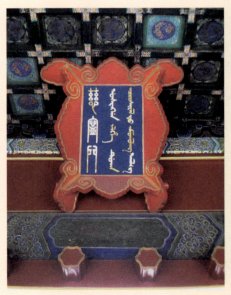

慈宁门匾额

汉化已经比较普遍，皇帝三番五次地强调"国语骑射"，要求留满洲先民的民族特性，他看到一些满族大臣的名字过于汉化，甚至亲自给他们改名。为了突出官方文书上的满语使用，尽量少用外语借用词（所谓"借用词"，类似我们现在生活中用的"可乐""汉堡"一类的词语），他自己新创造了大量满语词语，上文中提到的"gurung""deyen"，就是为了区别于过去直接音译的"gung"和"diyan"而新创的。这类意译的匾额，很可能就是借新建宫殿之机，在乾隆的授意下制作并悬挂上去的。长春宫虽然不是乾隆时期重建的宫殿，但依然悬挂了满语意译的匾额，也许是皇帝出于某种原因，对长春宫格外垂青。

故宫分为内朝和外朝。内朝主要是生活区，外朝主要是工作区，即乾清门以南的区域。我们常说的"三大殿"，即太和殿、中和殿、保和殿等地，就是外朝的所在地。但我们现在看到的外朝区域，各门和各殿悬挂的匾额只有汉文，诸如"三大殿"及文华殿、武英殿、东华门、西华门等地。这是由于当年清帝退位，外朝上交给民国政府，袁世凯于 1913 年就任正式大总统之后，他下令将外朝的匾额全部更换，这才变成了我们今天看到的样子。

太和殿很忙：清代国宴好吃吗？

元旦这一天，太和殿很忙

　　太和殿可以说是故宫建筑群中最重要的建筑了，作为外朝三大殿之首，它是紫禁城里规格最高的宫殿，在清代，只有最高礼仪的事务才会在这里举行，正如嘉庆在其诗文《御太和殿》的注释中说"至太和殿为正朝，遇行大典礼及庆节受贺，则御之"，比如最为隆重的清宫三大节往往都是以太和殿为主会场的。

　　清宫三大节，即元旦节（大年初一）、冬至节、万寿节（皇帝生日），皇帝要驾临太和殿，接受百官朝贺，并与群臣共享大宴，所以又称三大朝贺。三大节是国家的重大庆典，均

太和殿广场一角

有比较固定而烦琐的礼仪流程，烦琐到什么程度？我曾见过一份乾隆二十四年礼部的档案，年年庆祝的元旦节，其礼仪流程竟然还需要在前一天演习一遍。其实这三个节日的流程大同小异，不妨将内容比较丰富的元旦节作为代表向大家进行介绍。

宫里过年的内容是很丰富的，和民间一样，大年初一作为新年首日，这一天自然也是最为重要的，皇帝的行程也是最满的。在太和殿受贺以前，皇帝在子时一刻十分，大概是凌晨 12 点 25分就要起床了，从 1 点 30 分左右便开始四处祭祀，按乾隆朝的记录，大致有 12 处祭祀与仪式。而 6 点 15 分左右，皇帝还必须赶到慈宁宫，此时他要率王公及一、二品官员向皇太后朝贺，三品及以下官员就没有资格进慈宁宫了，届时他们要在午门外的分会场集合并排列整齐，听慈宁宫传来的消息再行大礼。这些局都赶完了，皇帝才回乾清宫，等候太和殿的大典。

太和殿会场其实从五鼓时（大约早 4 点）便开始了，有銮仪使和乐部陈放法驾卤簿（皇帝的仪仗）以及各种宫廷雅乐的乐器，有武备院在丹陛（宫殿的台阶）上的最南端搭建黄色幕帐，有内务府筑站台于黄色幕帐之内，陈设尊、罍、卮、爵（先秦时代宴席礼节），有仪制司准备新年贺表。等群臣随皇帝向太后朝贺已毕，鸿胪官将他们分左右班带入太和殿及太和殿广场，各就其位，礼部堂官去乾清门有请皇帝，皇帝在前拥后呼中乘舆出乾清宫，先由侍班官、导从官在中和殿进行一个小型的参拜仪式，行最高等级的三跪九叩礼。礼毕后，皇帝在中和韶乐中驾临太和殿，之后的活动有鸣鞭、进赞、宣贺表等。宣贺表后，群臣要行三跪九叩大礼进行参拜，归位后，行一叩礼，落座，皇帝赐茶，但只有王公、高级官员和外国使节能够享用。我看嘉庆十三年的档案记载，内茶房为元旦赐茶准备了 60 桶茶水，虽然不知道茶桶有多大，但 60 桶也足见人员的规模之大了。赐茶已毕，就进入庆典的高潮，即大宴。典礼中的每一个环节，百官都有准确的路线和位置，都要按官阶分组并依次安排顺序，仪式当中还要穿插中和韶乐、丹陛大乐和导迎乐这样的宫廷雅乐。当然，这只是对庆典礼仪最为简略的描述，由于内中的程序实在是太烦琐了，兹不赘述，有兴趣的朋友可以参看《大清会典》。不过，庆典中有一些细节，还是非常有意思的，比如皇帝的"专属BGM"和大宴的座次安排。

但凡典礼，皇帝的每一番动作都要有雅乐相伴，其实古今中外都是一样的，即便是我们今天的一些单位、学校安排个领奖仪式，还经常要放一下运动员进行曲，其实这都是历史文化的遗留，只不过在当年，皇帝有专门为他打造的雅乐，按现在话说，就是他专属的BGM。很多清宫剧在展现这种场景的时候，经常会出现几人抬的像喇叭一样的画角，不过在真实历史上的三大节活动中，并不鸣奏此类音乐，中和韶乐、丹陛大乐才是这种场合的主角。虽然我们现在已经不知道当年的雅乐是个什么腔调，但从乐队的配置上大概可以脑补一下乐曲的风格。

按《大清会典》记载，中和韶乐分东、西两班，东班有领乐官二员，歌工一名，乐工十四名，配有乐器麾一、祝一，应鼓一，金钟十六，琴二、瑟一，笙二，箫一，笛一，埙一，篪一，排箫一，搏拊一；西班有领乐官二员，歌工一名，乐工十四名，配有乐器玉磬十六，琴二，瑟一，笙二，箫一，笛一，埙一，篪一，排箫一，搏拊一，敔一。

丹陛大乐亦分东、西两班，东班仅领乐官三员，西班领乐官三员，次俳长四名，歌工二名，乐工二十八名，配有乐器大鼓二，方响二，笙四，管四，笛四，云锣二，拍板一，杖鼓一。

虽然其中有些乐器现在很少有人认识了，不过大致可以清楚，这两种大乐都是丝竹管弦与钟鼓一类的打击乐相配，曲调应该二较悠扬和缓，并配有人歌唱，与我们在清宫剧里常看到的那种类似于进行曲式的音乐有很大差别。

　　清宫三大节的朝贺典礼之后，常设有大宴。这么多人的大宴，该怎么排座次呢？太和殿会场的座席大致分为四个部分，即殿内、廊下、丹陛以上和丹陛以下。按光绪二十年的档案记载，这是仿乾隆九年的档案安排的，殿内设105桌，为王公，一、二品大员，起居注官，以及蒙古、回部等地的贵族；廊下设两桌，为都察院左都御史、理藩院尚书侍郎；丹陛上设43桌，为礼部堂官、内务府大臣、喜起舞大臣，以及一、二品世爵等；丹陛下分东、西两班，共设40桌，主要是三品以下官员和外国使节，一共是190桌。别看殿内设有105张桌子，就代表人数很多，金字塔尖上的王公贵族哪会有那么多。按照传统宴席的规制，会按身份高低，最少可一人宴一桌，皇帝肯定是一人一桌，太和殿内的王公基本上是两人一桌，到下面品级比较低的官员，最多可六人宴一桌。那么多外国使节，一共才分配了两张桌子，想必就是六人宴一桌了。都说是"万国来朝"，这么一看，其实也没几国。

国宴到底吃什么

　　大宴到底吃什么，或许是大部分人最为关心的。但是看光绪二十年的档案记载，则只有羊肉一项，那一年不仅皇帝参加了大宴，皇太后和皇后也去了，他们仨不过是在羊和酒的数量上多了一些，分别是9

清代银"寿"字锅

只羊、9瓶酒而已，全部宴席也就是100只羊、100瓶酒。根据清宫的饮食习惯，据我推测，这9只羊的吃法，无非也就是我们常见的涮羊肉而已。估计不少人会很惊讶，虽说也是吃肉喝酒，但元旦大宴，国之重典，这吃的也太单调了！其实在清代，越是国家的礼仪庆典，吃什么反而并不那么重要，凸显出礼仪的繁复和场面的盛大才是要务，即所谓"非壮丽无以重威"。那种赐茶、敬酒的繁文缛节，在雅乐伴奏之下，有司礼人员的指挥，有仪仗队伍的陪衬，一遍遍叩首，一遍遍谢恩，才能显示出朝廷的气度。这么多人一起吃饭，要真是丝熘片炒的，烹饪上有很大困难，而且制作地点与会场也有一定的距离，别说是元旦节这样的冬天，就算是乾隆过生日的八月，菜品传过来也早凉透了，倒是火锅涮肉没有任何不便。

不仅国宴上的吃食只有羊肉一种，而且这些羊还不是都由皇家自己提供。根据档案记载，大宴所用的桌子、羊肉和酒，有一部分要由王公贵族按爵位的高低来进献，最多的是亲王，每人要进桌8张、羊3只、酒3瓶，最少的是宗室中的镇国公、辅国公这样的入八分公，每人要进桌1张、羊1只、酒1瓶，其余由内膳房提供并制作，再余下的少部分，则由光禄寺承办。倒不是皇上抠门，清朝的君臣之间一直都或多或少地保留着一些主奴关系，毕竟连亲王在皇上的面前，都要自称奴才，这种主家办事、附庸来添菜的方式，是满人在关外的旧俗，即便到了清末，这种习惯也一直存续着。

大宴的饮食虽然不算丰富，但进馔已毕，安排的节目倒是很有意思，既有凸显满洲旧俗的传统项目，也有专为娱乐的所谓"陈百戏"，也就是各种杂耍。

传统节目基本是固定的，即庆隆舞、喜起舞和蒙古乐曲。庆隆舞由侍卫来表演，他们有的装扮成猎人，踩着高跷骑着竹子做的马，有的装扮成野兽，在琵琶、三弦、奚琴、筝等乐器的伴奏下，表演满洲先民在关外时传说中的狩猎故事。姚元之的《竹叶亭杂记》记录了庆隆舞的起源，"达呼尔居黑龙江之地，从古未归王化。彼地有一种兽，不知何名，喜啮马腿，达呼尔畏之倍于虎，不敢安居。国初时，曾至彼地，因着高趫骑假马，竟射杀此兽。达呼尔以为神也，乃归诚焉。因作是舞"。喜起舞是由大臣表演，有歌者，戴貂帽，穿豹皮褂，亦有舞者，着一品朝服。表演时，乐工们吹箫击鼓，舞者按节拍起舞，而歌者以满语歌唱大清开国时的尤勤之事，也就是诉说一些当年打江山时的不易。喜起舞毕，便有"吹筇吹人员进殿"演奏蒙古乐曲。

前三个节目都属于政治目的比较明确的仪式，之后便进入纯娱乐环节。仍以光绪二十年为例，在蒙古乐曲之后，依次是朝鲜掷倒伎、回部（指新疆地区）伎、粗缅甸乐和金川番子番童舞狮子。这四类杂耍恐怕如今很少有人能给予明确的解释，只能对某类表演从史籍的蛛丝马迹中进行推测。其中朝鲜掷倒伎和回部伎有可能是一类表演，光绪朝《钦定大清会典事例》中记录元旦宴杂耍时说"引朝鲜、回部各掷倒伎人"，可见这只是不同风格的"掷倒"表演，但何为"掷倒"呢？在光绪二十年这次大宴的另一份档案中，我们又看到对于朝鲜掷倒伎的另一个称谓，即"高丽筋斗"，所谓筋斗就是翻跟头，这个跟头具体怎么翻，有什么花样，与回部翻跟头有何异同，就不得而知了。另外，我们现在能看到的舞狮可能和宫廷技艺也有所不同，一般我们见到的舞狮，无论南派还是北派，基本多兴盛于东部地区，而档案中提到的金川番子番童，是乾隆年间平定川西战争中俘虏或投诚的人员，在乾隆到光绪的 100 多年，专用金川人在国宴上表演此项内容，大概这个节目是颇有西南少数民族风情的，与今天常见的演绎方式会有很大差别。

杂耍表演后，皇帝便在雅乐声中回宫了，皇上虽然走了，但其实群臣的活动并没有结束。按清代的规矩，大臣们参加的宫廷筵宴大多是"连吃带拿"的饭局，他们在太和殿大宴最后自然也要领取皇上的赏赐。以乾隆朝元旦节的赏赐为例，这是清代最为鼎盛的时期，大致有"黄细绵绸""白细绵绸"这样的布匹，"龙纹帘席""满花方席"这样的编织物，獭皮、纸张和黏米这些杂项。皇上貌似是个过日子的人，赏赐给大臣们的礼物都很实在，连黏米都有 40 石，前面要凸显"非壮丽无以重威"，"威"立完了，大伙也得踏踏实实过日子，日子过好了，才是国之根本。

乾清宫的蹊跷：正大光明匾背后有什么？

藏在匾额背后的秘密是什么？

　　乾清宫是紫禁城里后宫的核心，其他宫殿与乾清宫在地理位置上的距离由近及远，它们的等级地位也会相应地由高至低。康熙以前，这里一直是皇帝的寝宫，雍正以后，这里依然是诸多礼仪庆典的举行场所和皇帝重要的办公地。皇家的除夕家宴、上元宴、亲藩宴、清宫曲宴等，经常在这里举办；清代共举办过四次千叟宴，乾清宫曾两次成为主会场。皇帝还常以其为接见外国使臣的场所。乾隆十八年，葡萄牙使臣在乾清宫朝觐；光绪二十九年，皇帝与皇太后在此接受各国使臣的新年贺礼。而在典仪之外，皇帝的工作也多于此进行。这里的西暖阁就常常被用作召见臣工之所，《翁同龢日记》里就记述过慈禧太后和光绪帝在此同时与他召对的情景。而雍正时，同样在乾清宫西暖阁，皇帝召集群臣，宣布了关系国朝千秋万代的重大改革，这就是清代著名的秘密立储制度。这项极为重要的皇位继承制度，其秘密就藏在乾清宫的正大光明匾后。

　　"正大光明"出于朱熹的《答周益公》，即"至若范公之心，则其正大光明"。这块匾最早为顺治御笔，后由康熙描摹，藏于紫禁城内御书处，我们现在看到的是此后再经摹写的版本。不过，

乾清宫外景

正大光明匾（中国第一历史档案馆编《清代文书档案图鉴》）

与存世量不多的顺治汉语笔迹对比来看，"正大光明"这四个字貌似是经过明显"美颜"过的。雍正元年，皇帝召集总理事务王大臣、满汉文武大臣九卿入乾清宫，当众宣布他已经秘密选好接班人，并将其名字写在遗诏上。所谓秘密立储，就是除皇帝外，没有第二个人知道继承大统的是谁。遗诏一式两份，一份被密封在一个鐍匣里，放置于正大光明匾后；另一份则由皇帝常年带在身边，直到他驾崩，再取出遗诏，当众宣布的继承人就是新皇帝了。从此，清代便不再立皇太子，开启了主要以秘密立储方式完成皇权交接的时代。虽然咸丰以后未再使用，但那主要是由于皇家子嗣凋零，这项制度并没有被废止。

清代以前，中国历史上的政权对于皇位继承，大多会采用预立太子的方式，即以嫡长子为排序方式的宗法制为主要选择手段，这也是最为舆论广泛认可的。清廷起先也曾采用这种预立太子的方式，但没有获得好的结果。尤其是康熙的太子允礽，经历了两立两废，皇帝极度伤心，身体几乎就此垮掉，而在第二次废太子后，立储人选不明，也引发了一场旷日持久的政治风波，即长达十几年的"九子夺嫡"，造成国家动荡。而康熙最终也是以秘密传位的方式，完成了自己的权力交接，算是草创了秘密立储制度。

史学界对这项制度的评价并不统一。有人认为秘密立储，皇帝对继承人可以进行长期观察，有利于更好地选择继承人；而不设立皇太子，可以更好地保护储君，有利于国家的稳定。有人则认为秘密立储使皇位继承高度集中在皇帝一人手中，没有任何讨论余地，新君的不确定性反而更大。在此，我并不想讨论这项制度的好坏，只想就秘密立储中的遗诏问题进行史学性说明。

康熙的继承人究竟是谁？

中国第一历史档案馆馆藏了一份道光皇帝的秘密立储遗诏，也就

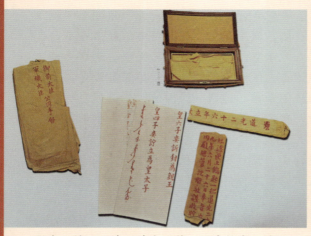

秘密立储匣及遗诏（中国第一历史档案馆编
《清代文书档案图鉴》）

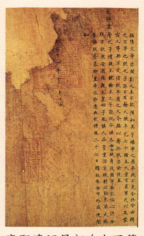

康熙遗诏局部（中国第
一历史档案馆编《清代
文书档案图鉴》）

是藏在正大光明匾后的那份秘密。该遗诏上有满汉两体文字，写于道光二十六年，不过内容非常简单，主要就是"皇六子奕訢封为亲王，皇四子奕詝立为皇太子"。这是道光在生前亲笔写就的，在其驾崩后，其四子奕詝也正是凭此当上了皇帝，便是后来的咸丰帝。咸丰在登基之初，以这份遗诏为基础，拟就了一份极为正式且辞藻华丽的诏书，昭告天下。

上文提到，康熙是秘密建储的草创者。但雍正即位后，关于他得位不正的传闻就出现了，以至于世宗在他自己著述的《大义觉迷录》里还专门进行了回应。但收效甚微，反而使这一说法得到了更广泛的流传，成为清宫历史疑案。当然，民间流传最广的版本，即雍正命隆科多把康熙遗诏中的"传位十四子"改为了"传位于四子"，这个说法早就被推翻了。但在学界，关于雍正篡位与继位的问题仍无法达成共识。康熙因是秘密传位，并没有完备这一制度，群臣不知道他究竟属意于谁，除了雍正自己的说法以外，历史文献中没留下任何关键证据的记载。而这个问题争论的焦点也正在于此。现在学者对此问题，只是通过各种只料透露的蛛丝马迹进行分析推理。如果像上文提到的道光亲笔遗诏那样，一式两份，皇帝驾崩后，群臣将正大光明匾后的那份文书与皇帝身上的文书一对照，哪怕只有一份康熙亲笔的传位诏书，这事不就简单了吗？

一些人，甚至是学者也拿出过所谓的"康熙遗诏"，以证明雍正登基的合法性。这份"遗诏"也确实是清宫档案原件，内中确实写着"雍亲王皇四子胤禛，人品贵重，深肖朕躬，必能克承大统。着继朕登基，即皇帝位"。但这并不是康熙留下的，而是雍正登基之后昭告天下的那份诏书，类似上文所说的那份根据道光亲笔遗诏而再拟定的诏书，无法作为直接证据，内容的可信度就大打折扣了。

虽然我比较支持雍正合法继位的观点，特别是康熙临终前曾委派他去行祭天大礼，但这只能是推测。在与一位前辈学者聊天的时候，他说曾见过康熙亲笔遗诏的满文档案，整个档案保存得比较完好，唯有继位人的那部分模糊不清。这当中是否有蹊跷，也未可知。但此事只是闲聊，并不作准。正大光明匾后的秘密虽然还有待时间来揭开，但这也恰恰是历史的魅力所在。

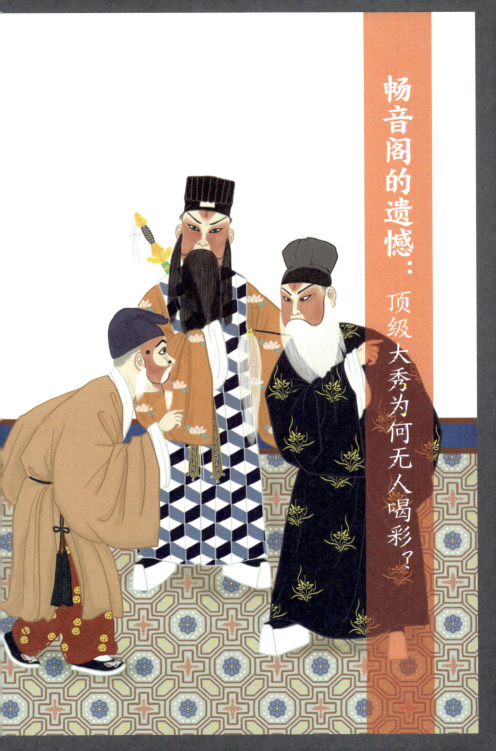

畅音阁的遗憾：顶级大秀为何无人喝彩了

顶级演出，无人喝彩

　　畅音阁是清代北京最大的戏楼，位于现在的故宫博物院珍宝馆内。自乾隆时期开始营建，到嘉庆时，后部的扮戏楼才告竣工。畅音阁的建筑结构非常巧妙，从外表看，它上下共三层，分别命名为"福""禄""寿"，但实有五层。根据宫廷剧目《昭代箫韶》剧本"凡例"中的记载：

　　　　剧中有上帝、神祇、仙佛及人民、鬼魅，其出入上下应分福台、禄台、寿台及仙楼、天井、地井。

　　五层戏台之间都能相通。演绎大型神话剧目时，每一层分别代表天宫、人间、地府，每层都有绞盘、辘轳、绳索等设备，可以通过类似现代"吊威亚"的技术，表现上天入地的宏大场景。尤其在一层戏台的台板下，还暗藏一间地下室，即所胃"地井"，内中有四口旱井，可使演员歌唱时的声音更加聚拢，形成音响似的效果。如此恢宏而精巧的戏楼，在历朝历代也是绝无仅有的，更从侧面凸显了清宫对于戏曲的热爱。

　　畅音阁所在的位置，是专为看戏而营建的院落。戏台居南，而正对戏台的阅是楼，则专供皇帝、太后、皇后及各宫主位观剧。很多历史文献记载过皇家在此看戏的情景，如《故宫退食录》中，老太监耿进喜曾口述当年慈禧太后看戏时的样子：

> 老太后坐在炕上（阅是楼西间的炕）时候多，也有坐在凳儿上、椅子上的时候，也有溜溜达达站一会儿或是打后门出去遛个弯，或是睡会儿觉的时候，可是台上老是照常唱，打早上唱到晚。晚上也有时候不唱戏……皇后跟各宫主位们还有四格格、元大奶奶、各府里福晋们都在东边拐角屋里，也有跟太后这儿站着的时候，也有随便找地方坐会儿，只要太后瞧不见的地方哪儿都能坐着。夏天也有在廊檐下站着的时候。要是好戏一上来，那廊檐底下挤一大堆，妈妈女子的都在那儿听。

每逢庆典，皇家都会有演剧活动，宫廷往往还会恩赏大臣们进宫看戏。按《翁同龢日记》的记载，届时，阅是楼中间的三个包间分别是皇帝、太后和皇后的位置，东、西两侧的各一间房则分给其他嫔妃，大臣们是没有资格坐在这里的。在畅音阁院落东、西两侧的游廊各隔断出五间屋子，大臣们根据身份地位，被分成10组，分别坐在自己的包间里。如光绪九年六月，内务府档案记载了东西两廊下的观剧人，以东廊下为例：

> 惇亲王、恭亲王一间，惠郡王、载澂、载滢、奕谟、载瀛、载津一间，宝鋆、李鸿藻、景廉、翁同龢一间，广科、灵桂、文煜、阎敬铭、恩承、徐桐、瑞聊、张之万、麟书、额勒和布一间，孙家鼐、张家骧一间。

宫中看戏往往都是边吃边看的，内务府会给观众们预备不少茶点。从嘉庆十六年的一份档案来看，仅观剧时随上的奶茶，就要用奶200斤之多，其他的饽饽果品之类，现在虽未见到相关的

畅音阁戏楼一层舞台

直接记载，但也可以想象其丰盛的程度。在宫里看戏，有不少礼仪，与我们今天的认知很不相同，如无论表演多么精彩，绝不许鼓掌、叫好。这倒不是宫廷的特殊规矩，而是在旧时，艺人地位极低，为艺人喝彩是有失身份的表现。别说是王府宅门的堂会，就是坐在戏园子包间里的大户人家，也少有人为之。

最大牌戏曲粉丝有多狂热

清代皇家可谓戏曲的狂热粉丝，宫廷有着极为庞大的戏班。"康乾盛世"时，主要由南府、景山等机构负责清宫的演剧事务。这些机构之内又分为内学和外学，内学、外学中还要再分头学、二学、三学，演剧人员主要由太监、旗籍艺人和江南的民籍艺人构成，他们分别被称为学艺太监和学艺人（或学生），最多时可达上千人。清宫给予这些艺人的工资待遇也是比较高的，最高每月可达4两，比有官员身份而无品级的柏唐阿都要高。从乾隆五十三年档案情况来看，南府的民籍艺人一年工资就将近白银1万两，其费用相当于营建一座公主府的总价。此外，皇帝对自己喜爱的演员还有特别的恩赏。如乾隆元年，皇帝特批3名学艺太监入旗，比他的纯惠皇贵妃一家入旗要早上3年，从此这3名太监的兄弟侄孙们便可以世代享受八旗待遇了。再如一份乾隆二十年的档案显示，在高宗即位后的20年间，又有7名民籍艺人被恩赏了八旗身份。直到道光初年，由于国力日渐衰落，大量裁撤艺人并改组，清宫的演剧部门改成升平署，但仍有数百人为之效力。如今很多人说慈禧太后为了看戏极尽奢华，还破例宣召民间艺人进宫演剧，可与清代盛世相比，她只能算是"穷欢乐"了。

　　康熙、乾隆，乃至清末的光绪帝，都是非常有名的戏迷。如姚廷遴在《历年记》中就有康熙皇帝观剧的记载。康熙南巡到苏州，刚刚到达，便命人传民间戏班前来演出，还兴致勃勃地亲自点戏，不顾一路劳乏，当晚就看了20多出戏，到了通宵达旦的地

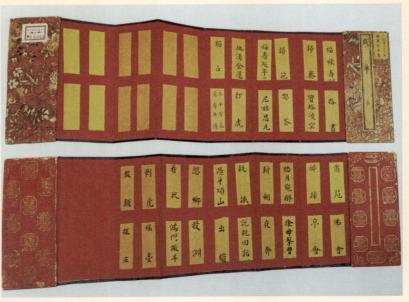

清宫戏单（中国第一历史档案馆编《清代文书档案图鉴》）

步，第二天他更是为了观剧而推迟了去虎丘的行程。

由于皇帝的喜爱，自康熙至嘉庆的 150 余年间，宫廷专门命一些才华异禀的文人编纂大量宫廷大戏，每部戏统一为 10 本 240 出。如张照根据目莲僧救母的故事主撰《劝善金科》，根据《西游记》故事主撰《昇平宝筏》；周详玉根据《三国演义》故事主撰《鼎峙春秋》，根据《水浒传》故事主撰《忠义璇图》。再如王廷章根据杨家将故事主撰《昭代箫韶》等。这些连台本戏如同我们现在的电视连续剧，从头至尾，能连续演上三个月。

而每逢各种节日和喜庆的日子，清宫还要专门为这一天编演独有的剧目，称为"节令戏"。尤其是乾隆皇帝，对节令戏格外关注，更命专人设计剧本、服装、唱腔，仅剧装一项就有专门的《穿戴提纲》，并将其定为制度。在元旦、冬至、腊八、祭灶、小除夕、除夕、灯节、立春等节日，清宫会分别上演专为这一天编排的节令戏，如《群星朝贺》《开筵称庆》《大宴臣僚》《玉女献盆》《瀛洲佳话》《对雪题诗》《万花向荣》等剧目。还有宫廷的各类庆典，像皇帝上尊号、皇帝或皇子订婚和结婚、皇子诞生、册封贵妃等，上演的有《红丝协吉》《璧月呈祥》《双星永庆》《列宿遥临》《吉曜充庭》《慈云锡类》等剧目。这些节令戏一般固定在演出的最开始，比如大年初一这一天，《喜朝五位》是历年必演的开场戏目，这出节令戏过后，其他剧目就没有特别要求了，基本上是观剧人当天点的戏。节令戏的时间一般比较短，仅 5~15 分钟，但往往参演人员众多。如《圣寿绵长》这样的祝寿戏，仅演员就有 200 人，主要就是以宏大的歌舞场面来烘托这一庆典的主题，有点类似我们今天"春晚"的开场舞蹈。

前代皇帝爱编剧，后代皇帝爱演戏

在看戏这方面，清代的皇帝都是完美主义者。不仅剧本故事要扣人心弦，词句典雅传神，演员表演也要精湛自然，唱腔设计更讲究抑扬顿挫，就连服装、舞美都要求得极为精致，以乾隆帝最具代表性。乾隆对戏衣的制作极为重视，每逢新制戏衣，都要先让如意馆（宫廷负责绘画的部门）画出小样，经他钦准后，再发往江南的织造机构严格按照小样来制作，而在小样出来之后，他都会提出极为具体的意见。比如乾隆五年七月，内务府交来八仙戏衣一套，皇帝便对其颜色、绣工等提出了详细的意见：

> 将韩湘子石青色绣衣另换作香色，铁拐李黑青色绣衣换成石青色，俱照此花样、尺寸，往细致里绣，做八件，其衣上绣水要往好里改绣。先画一身样呈览，准时再做。钦此。

这份档案体现了皇帝对剧装细致的要求，但清宫演剧的审美要求却远远不止于此。现藏于故宫博物院的戏衣多达上万件，其中有大量采用缂丝、纳纱工艺制作的丝织品，还有很多采用了"妆花缎"面料，其价格之昂贵，不可想象。我们今天看到的很多戏曲服装大多采用刺绣工艺，已经让人叹为观止了，但清宫的戏衣纹样竟然是织出来的。尤其是妆花缎，还常以孔雀羽线、金线为原料，耗工耗时，往往一天只能织出两寸，所以有"寸金换妆花"的说法。如此工艺水准的戏衣大批出现在宫廷戏曲演出中，其成本是无法想象的。而配合演出的各种道具，也大多有着相同水准的制作工艺。特别是乾隆时期，舞台上还会摆出各式各样的景片，以配合戏剧的故事背景，让演员或穿越在山水之间，或行走在历史画卷当中，完全不亚于当代"声光电"的舞台景观。

从各种历史文献的记载来看，在清代中前期，皇帝爱戏主要表现为对剧本、服装、舞美等方面要求细致，到了晚清，他们则往往有登台表演的欲望。老太监耿进喜曾口述：

> 我这是听我师父说的，那当儿还没我哪，说是同治爷能

唱武生，可是没嗓子，唱过《白水滩》，赶着没外人的时候哄老太后一乐。有一回在宁寿宫唱《黄鹤楼》，同治爷唱赵云，太监高四唱刘备，赵云打躬参见主公，那个高四赶紧站起来打横说"奴才不敢"。同治爷说：你这是唱什么戏呢，不许这样，重新来！逗得太后直乐。

不过在京剧老艺人徐兰沅口述里，给慈禧太后喝戏的则变成了光绪帝，太监印刘出演刘备，喜刘出演孔明，李莲英出演周瑜。史学界对于这则故事的主角尚有争议，但皇帝亲自"粉墨登场"的事应该是比较可靠的。

而光绪帝对戏曲还有另一爱好，即打鼓。不仅宫内和京剧界有很多他喜欢打鼓的传闻，而且从升平署的档案记载来看，光绪也确实常常派人要整套的锣鼓进行研究。不管水平如何，可以看出皇帝的兴趣是很浓厚的。

皇帝对戏曲的不同偏好，也可能是因为清宫里流行的剧种有比较大的变化。咸丰以前，宫廷中一直流行昆曲和弋阳腔，上文提到的那些节令戏和连台本戏都以这两个剧种来演绎，皇帝对其他剧种极为排斥，还对它们进行过很严厉的禁止。戏曲史上的"花雅之争"，即指此事。不过咸丰时，民间的皮黄戏（即京剧的前身）越来越兴盛，在皇帝"屡禁不止"后，竟渐渐进入宫廷，特别是在慈禧太后"垂帘听政"后，由于她颇爱皮黄，宫廷演剧更以此为主了。从戏曲结构来看，昆弋腔属于曲牌体，音律辞藻比较严格，一出剧目的灵魂更体现在编剧之手；而皮黄戏属于板腔体，演员、乐队都有更大的发挥空间，一出剧目的灵魂在于演员。所以，前代皇帝爱编剧，后代皇帝爱演戏，这也跟剧种的变化不无关联。

喜忧参半的吃肉大会

在紫禁城营建之初，坤宁宫就被设计为皇后的居所，立于中轴线上。后妃居住的东、西十二宫，就是以它为中心分布于两侧的，地位非凡，正所谓"皇后居中宫，主内治"。明代的每个皇后都以坤宁宫为寝宫，直至最后一任，也就是崇祯的居皇后。当年李闯王入京，城破时，周皇后回到坤宁宫"自经而亡"。

去过故宫坤宁宫的朋友大概都会好奇一件事，坤宁宫的正厅处有三口大锅，锅台上窗棂前有不少煮肉的匙、铲、钩等铁厨具，东南角的东墙上还供有灶君神位。没看错吧？坤宁宫不是皇后的寝宫吗？这难道是娘娘亲自做饭的地方？其实，我们现在看到的坤宁宫，已经找不到明代的痕迹了，清兵入关后，仿照沈阳故宫

坤宁宫西侧萨满祭祀所压部分器物

的清宁宫，对坤宁宫进行了一番装修改造，皇后早就不在此常住了。

清代的坤宁宫每天都要进行萨满祭祀。所谓"萨满"，是东北亚民族的一种原始神秘信仰，主要讲究"祭祖安神"，要"祭神、祭板子、祭堂子、祭杆子"，而且还要"杀牲"上祭。我们看到的锅台炊具，其实就是制作供品用的。

常规的萨满祭祀每天有早晚两次，即"朝祭"与"夕祭"。朝祭在寅卯两个时辰之间（凌晨3点至7点之间），祭祀的神龛置于西炕之上，供释迦牟尼佛、观世音菩萨和关公。夕祭在未申两个时辰之间（下午1点至5点之间），祭祀的神龛置于北炕之上，供穆哩罕神、画像神和蒙古神。祭祀大致分三步。首先是唱萨满神歌，朝祭时，以三弦和琵琶伴奏；夕祭时，以束腰的串铃和手鼓伴奏。之后则是致祝词，进献供品。

萨满祭祀的供品基本上是两类，一是萨满神糕，以稷豆黄米为原料；一是胙肉。所谓"胙肉"，其实就是水煮的猪肉，不过根据不同祭祀的规模和目的，用猪的数量和种类有所不同。日常的祭祀，每日4头，如果遇到还愿的祭祀，就只用1头，用的猪也是普通的白猪，《国朝宫史》记载，一年共用518头。一些大型祭祀，则要改用大牙猪，这样的猪每一季要用39头。

俗话说"心到神知，上供人吃"，所以日常的这些祭品，都会赏赐给散佚大臣和侍卫们分食。尤其是在正月初二、仲春、秋朔这样大型的祭祀之时，宫廷还会在坤宁宫举行"吃肉大会"，皇家和王公亲贵、中枢大臣一般都要参加。皇上率群臣向西大炕上的神龛行一叩首礼，行礼毕，合班席坐。司俎官将祭祀时分割成九部分的猪肉依次端上来，由皇上亲自再切成大块分赏给群臣，有点儿现在寿星给大家分蛋糕的意思。男女有别，女眷们是不便和这些大臣们共处一室的，所以皇后、各妃嫔和诸王福晋们都在东暖阁，皇上也要命人把切好的肉送过去。

　　这样的胙肉是很原始的味道。不仅没有葱、姜、大料之类的调味品，而且一头猪只分为九段下锅，块儿太大，放水里也就煮个七八成熟，拿刀切开了，里面也是生熟不均，吃的时候连盐都不能蘸，又腥又腻。当年很多大臣都吃不惯，视此为畏途。我想我们现代人也是很难下咽的。就连乾隆皇帝在一次用膳之后也专门批评了一句"祭神猪肉臊气不好吃！"所以渐渐地，有些与会大臣便想了一个法子，用酱油泡高丽纸，晾干后，如此再反复浸泡数次，这样再去吃肉的时候，用高丽纸擦刀，随切肉，随擦刀，纸上的盐分咸味，被肉上的热气一蒸，就都沾到了肉上。到了晚清，皇家祭祀也渐渐破除了一些"国俗祖制"，在吃肉的时候会配套送上酱菜，这也就省得大臣自带高丽纸了。

　　据说胙肉是一定要吃掉的，这代表了福不出门，不仅皇宫、王府、宅门，甚至有钱的普通旗人家，也都是这样。萨满祭祀并不是皇家祭祀，普通的满族人家也可以举行。祭神撤下来的胙肉，称为"神余"，可以邀请朋友来吃，称为"吃神余"，这样才能为自己和家人免灾祈福，带来好运。所以，客人吃完之后不许道谢。

　　只要懂得这些规矩，无论什么人都可以随便出入这种"吃肉大会"。坐观老人在《清代野记》里曾描述了一次他参加的"吃肉大会"：

　　　　凡满洲贵家有大祭祀或喜庆，则设食肉之会，无论识与不识，若明其礼节者即可往……予光绪二年冬，在英果敏公宅，一与此会，予同坐皆汉人，一方肉竟不能毕，观隔壁满人，则狼吞虎咽，有连食三四盘、五六盘者。

　　据说，当时上的肉都是方子肉，就是一整块方形的大肉，约十斤。来吃肉的人随身带刀，自片自食，并用大瓷碗轮饮高粱酒，客人吃得越多，主人越欢喜，还要一再致谢来吃肉的客人。

萨满祭祀吃肉的习惯其实跟北京的一家老字号还有很大的关系，这就是缸瓦市的砂锅居。当年，缸瓦市附近的王府特别多，礼王府、郑亲王府、庄亲王府、顺承郡王府、克勤郡王府、庆亲王府、恂郡王府都离此不远。王府每天都是要进行祭祀的，剩下那么多胙肉，王爷也不能招一帮不相干的人进府吃，便将它们赏给下人，但久而久之，下人们也吃腻了，便偷着卖出去换些零花钱。同治年间，刘某与王府管事松七有故交，于是松管家就常把撤下来的胙肉和下水便宜卖给刘某，价钱之低近乎白给。有了这么好的进货渠道，刘某便开了个小吃摊，后来就发展成了北京"八大居"之一的砂锅居。这家老字号最当家的菜品就是当年以胙肉为原料的砂锅白肉，不过现在可比当年皇上吃的要美味得多。而且，如果细心的话，可以发现，他们家的砂锅白肉虽说是五花肉，却都是不带皮的。这是因为当初萨满的祭祀仪式中，在煮猪肉之前，要先把猪皮去掉，于是这个传统也原汁原味地保留到了现在。

神秘消失的索伦杆

满人的萨满祭祀还有"祭杆子"的重大仪式，所谓"杆子"，学名叫"索伦杆"。当年清宫里的索伦杆非常多，且杆子上都装有一个圆形的木斗。这是因为早期很多东北亚民族有乌鸦崇拜，这个木斗里装满的谷物，就是专门喂食乌鸦的，以至于现在还有大量的乌鸦以故宫为家。其实坤宁宫的索伦杆就在宫殿附近，不过现今只剩下遗迹了，我们今天去故宫参观的时候，往往都把它忽略了。在坤宁宫和交泰殿之间、近交泰殿后墙的地方，有一座石墩，中间是一个方形的铁疙瘩，很像我们常见到的旗杆，但好像被截断了一样。我问过故宫的一些工作人员和研究萨满教的老师，他们都确认这里就是当年的索伦杆旧址。可当年的索伦杆怎么就没了呢？《钦定现行宫中则例》记载，坤宁宫的索伦杆与他处不同。每逢春秋两季，都有"竖杆大祭"，神杆虽然是常设，但每逢春秋大祭都要换一根新的，所以坤宁宫前的索伦杆是可以拆卸的。所以，我们现在看到的神杆基座，并不是被锯掉了，而是早年被拆走了。嘉道时的俞鸿渐在他的《印雪轩随笔》里对坤宁宫的索伦杆还有这样的记载：宫内用的神杆要专门采用北京郊

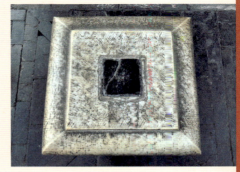

坤宁宫外的索伦杆基座

区延庆的木材，但当年延庆的山里多有老虎出没，所以采伐神的木材前，要先进行祭祀，以免有猛虎伤人。没想到当年的北京生态环境还挺好，现在被称为延庆区的辖界，都赶上景阳冈了。

除了常见的萨满祭祀，其实清宫里的祭灶仪式也在坤宁宫举行。腊月二十三，是中国传统的小年，这一天要祭灶王，各家各户也都开始进入过年的状态了。民间将灶王视为一家之主，一家之主对全家进行了一年的观察，要在年终的时候上天去汇报，所以老百姓的俗语说"二十三，糖瓜粘"，就是要用麦芽糖给灶王的嘴上抹上一抹，以祈求"上天言好事，回宫降吉祥"。至今这都是我们极为熟悉的民俗。

皇家祭灶与民间不同。它在坤宁宫举办，由皇帝亲自主持，这就可以看出宫廷对它的重视程度了，这是一次隆重的国家重要典礼。届时，坤宁宫内会设摆天地神位和东厨灶神之位，皇帝要向天地神位行九拜礼，向灶神之位行三叩礼。上文提到的萨满大祭，皇帝率群臣行一叩礼，相比之下，祭灶的礼仪规格要高寻多了。祭祀的供品也要比民间丰富得多，供品多达三十三品，此外还有一只黄羊作为主祭品。《燕京岁时记》里说，以黄羊祭灶是古法，至清代的时候只有宫廷还有所保留。我从《内务府奏销档》

里也常看到，每至腊月中，皇帝就会专门命人去南苑的围猎场去打黄羊，以备祭灶之用，并分赏给各亲贵。祭灶的黄羊和祭萨满的猪大概都是一样的命运，撤供之后，就被分食了。康熙时的黎士弘在《仁恕堂笔记》里还专门记述过黄羊的味道，他说"味比家羊稍淡"，看来他是吃过的。

在清代的各位帝王中，乾隆还有些特别。《竹叶亭杂记》中载，每逢腊月二十三祭灶，乾隆到坤宁宫后，会先以板鼓击节而歌，唱上一段《访贤》之曲，然后再行祭灶的仪式。乾隆喜欢听戏赏曲，这在史籍中有诸多记载，但他是不是还喜欢亲自唱，倒是线索很少。依我看，乾隆每年在迎接新年到来的时候必唱《访贤》，大概是因为为国求贤的事是他更关心的，也是期许来年能够多降人才。

迎亲合卺吃饽饽，婚房也专业

从名字上我们就可以看出，坤宁宫对应的是乾清宫。乾指天，代指男性；坤指地，代指女性。也正如明代宫廷安排的那样，这里是皇后母仪天下事的核心场所。虽然清代对它进行了改造，但以女性为主角的方向并没有大变化。上文提到的萨满祭祀，其实在平常的日子里，都是由皇后来进行的，只是有不少皇后会将此事交付于萨满太太。而更为重要的是，坤宁宫是清代皇帝举行大婚迎娶皇后的婚房。

坤宁宫不是已经被改成祭祀场所了吗？如何还能充当婚房呢？其实，坤宁宫一共有九间房，西边四间被改造成祭祀场所，东边五间则被设计成婚房。我们今天去故宫游览的时候，可以在它的中间靠东的房间里看到关于皇帝大婚的展览。其实清代对于坤宁宫的认知与明代是很相似的，它装修的样本——沈阳故宫的清宁宫，也是皇后的寝宫，皇太极的孝端皇后就常住于清宁宫。虽然坤宁宫日常功能归于了祭祀，不便于长期居住，但这里依然是皇后的主场，所以皇帝大婚的婚房必定在此。而且，这婚房的最初设计者，正是著名的孝庄文皇后。

坤宁宫东侧皇帝大婚的婚房原状陈列

第一个在坤宁宫举行大婚的皇帝是康熙。康熙四年时大婚，太皇太后对于它在设计上如何能平衡祭祀和大婚之间的关系，专门下了懿旨：

> 中间合卺，因与神幔甚近。首间、次间虽然间隔，尚是中宫之正间内北炕，吉。两旁间既非正间，均不可用。

孝庄文皇后的意思是，皇后的婚房应该在宫殿的中间位置，但与祀神的地方离得太近又不太妥当，所以向东稍微挪一点，还属于中宫正中，大吉大利。从此，清朝历代皇帝迎娶皇后的洞房就在我们现在看到的地方了。

我们现代人的婚礼，有的是中午举行，有的是晚上举办，但清代皇帝的大婚是在深夜开始的。就以同治皇帝为例，皇后于子时升凤舆，銮仪卫陈仪仗，车辂、鼓乐前导，由大清门中门行御道，至乾清宫降舆。也就是说，新娘是夜里12点出发的，坐着轿子，迎着鼓乐，进入皇宫。要知道，同治帝的皇后阿鲁特氏，家住在安定门板厂胡同，从大清门进入皇宫，等于是由北至南纵穿了整个北京城，而且一路吹吹打打，果然是"天字第一号"的人物，完全没有扰民的概念。

皇帝自然不用去接新娘，只需要着礼服，候于坤宁宫。丑时，也就是凌晨1点到3点之间，两位新人行合卺礼。之后，他们共坐龙床，先要吃上几个子孙饽饽，也就是饺子。北方旧时婚俗，很多地方都有吃水饺的习惯，而且饺子要煮的半生不熟，吃的时候，外边还会有人问"生不生？"屋中人答"生"，寓意着子孙繁衍。不过不知道，皇帝的饺子是生还是熟。

吃罢子孙饽饽，由四位王府的福晋率内务府女官（即命妇，高级官员之妻）请皇后再行梳妆，之后便是合卺宴席了。皇帝的婚宴，说来宏大，不过在现代人看来可能并不起眼。

主要有猪、羊乌叉（即满语，拉丁文转写为"uca"），乌叉也就是后臀尖，之后依次是金银酒、金银膳、肉丝等，再晚些，还有一碗长寿面。结婚吃长寿面，大概是寓意长长久久、白头偕老吧。

皇后从娘家出发，直至皇宫合卺，整个行程都会有福晋和女官伺候着。福晋好理解，至于女官，可能很多人的脑海里浮现出的都是唐代上官婉儿那样的形象，不过在清宫里，从未常设宫廷女官的职务，她们其实都是临时工。

后宫的女眷们也常有各类礼仪性活动，如每年皇后的先蚕坛祭祀，再如皇后、贵妃等人过生日。这种时候，女主角一定要在花团锦簇当中，仅仅几个宫女是不够用的，而且在大型活动当中，规格也要显得更高。所以，众多命妇就被临时调用过来，参与礼仪活动中的各项工作。

所谓"命妇"，就是官员的妻子。以咸丰朝孝贞显皇后 20 岁千秋节为例，内务府预先奏请的命妇有 12 位。其中，两位公主都是皇帝的姐姐，四位亲王福晋，一位郡王福晋，还有五位高官的妻子。她们基本是皇帝或皇后的近亲，之后再由皇帝筛选，最终留下九名。

如果像皇帝大婚这样超大规模的活动，所用的命妇就更多了，而且还有功能上的不同。上文已经提到，皇帝大婚时，有内务府女官在皇后身旁伺候，这些人其实就是内务府官员的妻子。内务府官员大多出身于上三旗包衣，也就是"天子家奴"，他们负责管理皇家的一切日常生活，皇上家里有事要用人，他们的妻子也理当效力，像《红楼梦》里的王夫人，就属于这类人群。在分工上，王爷或高官的妻子大多是皇家近亲，所起的作用主要在礼仪仪式方面，类似现代婚礼上的伴娘。而内务府命妇，她们本来就是皇家的包衣，所起的作用主要呈现在事务性和服务性上，类似我们现在婚礼上的高级服务人员。

清朝与历代不同，君臣之间多多少少有着一层主奴关系，连亲王见着皇上都要自称"奴才"。所以皇家若有典仪，往往会在一些场合上让大臣参与其家事。清初，也曾试图仿效历朝设置宫廷女官制度，不过大概是因为满族原有的命妇传统，这个制度并未真正实施过。

图书在版编目（CIP）数据

如果故宫会说话 / 杨原著. -- 北京：社会科学文
献出版社，2020.4（2023.11 重印）
（九色鹿）
ISBN 978-7-5201-6177-0

Ⅰ.①如… Ⅱ.①杨… Ⅲ.①宫廷-史料-中国-清
代 Ⅳ.①K249.06

中国版本图书馆CIP数据核字（2020）第026480号

·九色鹿·

如果故宫会说话

著　者 / 杨　原

出 版 人 / 冀祥德
责任编辑 / 郑庆寰
文稿编辑 / 李惠惠　肖世伟　徐　花　汪延平
责任印制 / 王京美

出　　　版 / 社会科学文献出版社·历史学分社（010）59367256
　　　　　　　地址：北京市北三环中路甲29号院华龙大厦　邮编：100029
　　　　　　　网址：www.ssap.com.cn
发　　　行 / 社会科学文献出版社（010）59367028
印　　　装 / 北京盛通印刷股份有限公司

规　　　格 / 开　本：889mm×1194mm 1/32
　　　　　　　印　张：7.875　字　数：189千字
版　　　次 / 2020年4月第1版　2023年11月第8次印刷
书　　　号 / ISBN 978-7-5201-6177-0
定　　　价 / 68.80元

读者服务电话：4008918866